SDGs自治体白書2023-2024

SDGsを自治体の取組に実装するには

編著：小澤はる奈・中口毅博
編集協力：環境自治体会議環境政策研究所

はじめに
─当事者意識と「動く地域交流拠点」がSDGs的な社会をつくる─

　全国でバスの運転手不足が深刻である。帝国データバンクの調査によると[1]、路線バスを運行する民間事業者127社のうち8割近くが2023年中に路線を縮小・廃止するという。私がよく行く上野・浅草のある台東区でも、15分間隔の循環バス「めぐりん」が20分間隔になってしまった。追い打ちをかけるのが2024年から始まる「ドライバーの残業規制」である。日本バス協会によると、現在の路線網を維持した場合、2024年には2万1千人、2030年には3万6千人の運転手が不足する計算になるという。このように、持続可能な地域づくりの基盤を支える移動手段の一つが、担い手不足に陥っている。バスの利用者も運行を支える"担い手"と考えれば、人口の減少にも、何とか歯止めをかけなければならない。

　話は変わって、私事で恐縮だが、2023年は私の音楽人生で大きな出来事があった。4月にマーラー作曲の交響曲第7番「夜の歌」を、9月にはJシュトラウスⅡ世作曲のオペラ「こうもり」全曲を演奏した。「夜の歌」は最も好きな曲の一つであり、CDも様々な指揮者のものを持っているが、まさか自分がオーボエの首席奏者としてホールのど真ん中で演奏するとは思いもよらなかった。楽譜を見たときは、これは吹けない、絶対無理と思ったが、完璧ではないものの、80分間の演奏をやりきったことが一生の思い出となった。一方、「こうもり」は、本場ウイーンの歌劇場で聴いた思い出深い曲だった。

　思い返してみると、これまでの人生においても、あこがれの対象だったり、傍観者だったのに、いつのまにか当事者になっていたことがしばしばあった。オペラの場合、主役は舞台で演じるキャストの方々であり、オーケストラは舞台手前の照明があたらない状態で、伴奏を続けるのであるが、当事者であることに変わりはない。ドイツのベルリンフィルハーモニーの本拠地のホール、日本でもサントリーホールなど多くのホールは演奏者の真後ろで演奏を聴くことができるが、あたかも自分が演奏者として参加しているかの錯覚を感じることもある。

　担い手の話題に戻そう。SDGsを推進している自治体には、当事者意識を持った人が必ずいて、またそれを支える・発展させるしくみがあるといえよう。自分自身が主体的に行動する者がいる。伴奏（伴走）者として主役とともに行動する者がいる。行動している人を後ろから支援する人がいる。そして支援者が主役になり、主役が伴走者になるというように、立場を入れ替えながら取組が継続し、発展していく。これこそが、持続可能な地域＝SDGs自治体ではないか。

　本書第2章の北栄町の官民連携による地域新電力事業、神戸市の「まわり続けるリサイクル」、佐賀市の紙の地産地消、第3章の東急不動産と北海道松前町の地域エネルギー

---

1)　J-CASTニュース，2023年11月29日.https://news.yahoo.co.jp/articles/f8e2a9e90e9cbc3a5da202a90b961b849fc66d68

2)　自動運転バス運営会社BOLDLY（株）の代表取締役社長兼CEOである佐治友基氏の持続可能な地域創造ネットワーク全国大会分科会での発言による.2023年11月22日.

による活性化戦略は、当事者意識を持った行政担当者と民間組織の担当者がそれぞれ存在することによって成立するであろうし、第1章で触れているSDGsパートナー制度は連携を生み出すインフラ（基盤）として重要である。一方、第2章の札幌市の企業×ユースによるSDGs協働ワークショップ「SDコン」、第3章の東近江市の三方よし基金、同じ第3章のスマホアプリを活用した社会貢献量の見える化の事例は、当事者を創り出す秀逸なしくみである。さらに第4章で推計された「活動人口」の増加を目標にすることは、利用者を"担い手"に含めた場合、居住人口でなく地域外からも含めた社会活動の実践者を増やすという意味において、人口減少＝担い手減少に歯止めをかける方策として有効であろう。

　振り返って、持続可能な地域づくりの要（かなめ）である行政に、SDGs的社会を創る当事者意識はあるのか？　第1章で触れられているように、SDGsの庁内浸透に向けた方策は進んでいるが、SDGsの担当部署は企画部門であり、SDGsは企画の仕事という意識はまだまだ強いように思う。一方で総合計画の施策体系をSDGsと紐づけする段階から、事業評価の項目として取り入れる段階に進展している自治体も見られる。客席からオーケストラピットに、さらには舞台上に上がることで、SDGs的な社会を率先して作っていかなければならない。

　バスの話題に戻ろう。2023年11月に持続可能な地域創造ネットワークの全国大会が茨城県境町で開催されたが、「誰もが生活の足に困らない町」、まさにSDGs的な社会を目指し、ボタンを押すだけのオペレーターが同乗する自動運転バスがすでに2路線で運行されている。境町をはじめ全国各地で導入されているのはオペレーターが同乗する「レベル4」であるが、オペレーターの9割近くが20～40代の若手という。運営会社では、完全自動運転が可能な「レベル5」になったとしても、「モビリティマネージャー」＝"地域を元気にする人"として同乗を続けたいと言う[2]。自動運転バスを、車内で異なる世代・地域の人々の会話が生まれる「動く地域交流拠点」、オペレーターを「動く地域交流拠点」のつなぎ役として位置づけていくことは、より多くの人々が当事者ととなり、SDGs的な社会をつくる妙手ではないか。

　では、私も含めた研究者は、SDGs的な社会をつくる「オペレーター」＝当事者であるだろうか？　残念ながら、実践しながら研究する「アクションリサーチ」というスタンスの研究者＝当事者意識を持った研究者はいっこうに増えていないように思う。地域連携や社会活動参画が大学内で評価される時代になってきているからこそ、「オペレーター」がもっと増えて欲しいと願う。そして私自身も、2001年から務めた大学の専任教員を辞する今、自ら「動く地域交流拠点」として全国を飛び回ることを、改めて決意したところである。

2023年12月3日
芝浦工業大学教授、環境自治体会議環境政策研究所長　中口毅博

目次

第1章　SDGsの実装に向けて

どうなる?どうする?自治体×SDGs

―SDGs未来都市の全数調査結果から

兵庫県立大学環境人間学部　准教授　**増原 直樹**

総合地球環境学研究所　准教授　**熊澤 輝一**

熊本県立大学総合管理学部　准教授　**岩見 麻子**

大阪大学大学院工学研究科　助教　**松井 孝典**

法政大学デザイン工学部　教授　**川久保 俊**

1　はじめに

　筆者らは、2021年度から3年間にわたり環境省・環境研究総合推進費「ローカルSDGsによる地域課題の解決に関する研究（JPMEERF20211004）」を進めている。本稿執筆時点は最終年度の後半にさしかかり、本研究全体の知見のとりまとめを進めているところである。そこで、本研究の成果のなかでも増原（サブテーマ2）が担当した自治体行政や行政計画におけるSDGs（持続可能な開発目標）への対応を中心に報告する。以下では、自治体担当者をはじめとした様々な関係者へ、研究から見えてきたSDGsに対応する行政体制や自治体のSDGs政策・計画の現状や課題について、出来るだけわかりやすくお伝えしたい。

　構成は次のようになっている。まず2018年度から政府が指定しているSDGs未来都市について、過去に指定された環境モデル都市、環境未来都市等からの経緯を確認し、全国の自治体における指定状況を整理する（2節）。

　第二に、2022年まで指定されたSDGs未来都市が、SDGsの17ゴールのうち、どれに貢献しようとしているのかという観点から、SDGs未来都市計画の分析をおこなう（3節）。

　第三に、2015年9月に国連総会で採択されたSDGsが、いわば「トップダウン」的に世界→国→地方へ展開されている流れに対して、都道府県・市区町村別にSDGsに関する状態や対策などを示す「ローカルSDGs指標」が設定・算出されていることから、47都道府県のローカルSDGs指標を用いて、SDGsの枠組みで重要といわれている「トレードオフ（二者択一）」や「シナジー（相乗効果）」が具体的に、どのように生じているかという統計的な分析結果を示す（4節）。その意図は、こうした地域での取組を積み重ね、相互に模倣・参照して全国的なレベルアップを図り、世界への情報発信を進めていくという「ボトムアップ」の流れも重要であると考えるからである。

2　テーマ型都市指定の推移

　政府が特定のテーマに関する「モデル都市」として地域を指定する制度を、本稿では「テーマ型都市指定」と呼ぶ。2001年の省庁再編以降、最初のテーマ型都市指定（以下、都市指定と略）は環境モデル都市といって良い。次に環境未来都市、SDGs未来都市が続く。いずれの制度も内閣府地方創生推進事務局が所管しており、これら3つの都市指定がどのように関連しているのかを確認し、SDGs未来都市の位置づけを整理したい。

　表1に3つの都市指定の概要をまとめた。それぞれの経緯をみると、まず環境モデル都市は、2007年5月に安倍総理（当時）が提唱した「クールアース50」や翌年1月に福田総理（当時）が発表した「クールアース推進構想」に端を発する官邸主導の都市指定制度であり、環境モデル都市の公募に際しては、①温室効果ガスの大幅な削減目標を持つこと、②先進的・モデル的な政策を行なうこと、③地域に適応した政策を行なうこと、④政策の実現可能性が高いこと（合理性や幅広い主体の参加）、⑤政策の持続性が高いこと（環境教育、まちづくりとの連携）が選定視点・基準として明示された。2008年から2014年にかけて計23自治体が指定を受け、そのうち65％に当たる15自治体がSDGs未来都市としても指定されている。

表1　国レベルの3つの都市指定事業の概要

事業名称	指定時期	指定数	特徴
環境モデル都市	2008年7月	第1次6	温室効果ガス大幅削減を目指すこと等が選定基準として明示
	2009年1月	第2次7	
	2013年3月	第3次7	
	2014年3月	第4次3	
環境未来都市	2011年12月	11自治体	半数が東日本大震災の復興関連地域
SDGs未来都市	2018年6月	第1次29	累計182都市のうち1割弱が環境モデル都市や環境未来都市と重複
	2019年7月	第2次31	
	2020年7月	第3次33	
	2021年5月	第4次31	2024年度末までに、累計210都市の選定を予定
	2022年5月	第5次30	
	2023年5月	第6次28	

表2　2回以上の都市指定を受けている自治体一覧

自治体名	環境モデル	環境未来	SDGs未来（指定年度下2桁）
北海道下川町	○	○	○18
神奈川県横浜市	○	○	○18
富山県富山市	○	○	○18
福岡県北九州市	○	○	○18
宮城県東松島市		○	○18
北海道ニセコ町	○		○18
茨城県つくば市	○		○18
愛知県豊田市	○		○18
大阪府堺市	○		○18
熊本県小国町	○		○18
奈良県生駒市	○		○19
岡山県西粟倉村	○		○19
愛媛県松山市	○		○20
熊本県水俣市	○		○20
京都府京都市	○		○21
新潟県新潟市	○		○22
	他8市町村	他6地域	他166地域

　次に、環境未来都市は、東日本大震災後の2011年12月に計11地域が指定され、5年間の取組期間の後、事業の評価がおこなわれた。しかし、評価後は、内閣府において事業が継続されている形跡がなく、実質的には打ち切られているようにみえる。環境未来都市として指定を受けた11地域のうち5自治体

はSDGs未来都市としても指定されており、重複率は45％となる。

　最後に、SDGs未来都市は2018年から公募が開始され、2023年5月までに累計182地域（183自治体。大阪府市のみ共同選定）が選定された。上記の3つにすべて選定された自治体として、北海道下川町、神奈川県横浜市、富山県富山市、福岡県北九州市の4自治体が該当する。3つの都市指定事業の重複状況を表2に示したが、表2からは次のようなことがわかる。

①環境モデル都市と環境未来都市の双方に指定された自治体（上記の4のみ）：すべてSDGs未来都市にも指定されている。

②環境未来都市とSDGs未来都市の双方に指定された自治体：上記の4を除くと宮城県東松島市のみである。

③環境モデル都市とSDGs未来都市の双方に指定された自治体：上記の4を除いても11市町村が該当し、①〜③のカテゴリーの中では最も多い。

3　SDGs未来都市が貢献しようとしているゴールは何か？

　次に、2018年度から2022年度までに指定された計155の未来都市を対象として、各未来都市が貢献しようとするゴールの傾向を指定年度別に把握してみよう。SDGs未来都市計画やそのための申請書の構成（目次）は、対象の5年間ですべて同一であるため、比較的容易に把握は可能である。

　具体的には、まず内閣府及び各未来都市のWebページから未来都市計画の文書を入手する。そして、各計画の「第1章（3）2030年のあるべき姿の実現に向けた優先的なゴール」の記載内容を基に、自治体名―ゴール番号―ターゲット（T）番号―KPI（Key Performance Indicator、重要業績指標）の4階層で構成されるリストを作成する（表3参照）。ここで注意したいのは、「一つのKPIに複数Tが紐づく場合がある」という意味でマルチ・ターゲット構造になっており、表3に例示したように、一つのKPIに2つのTが紐づく場合はこのリストの段階で2行にわたって記載している（分析するKPIの数は6,968になった）。次に、Tに紐づいたKPIの延べ数を当該Tが属するゴールご

表3　未来都市計画から抽出したKPIの一覧表（例）

自治体名	ゴール.T	KPI（重要業績指標）
北海道	1.3	・北海道福祉人材センターの支援による介護職の就業者数
北海道	1.4	・北海道福祉人材センターの支援による介護職の就業者数
北海道	2.3	・農業産出額
北海道	2.3	・漁業生産額

とに集計し、これを指定年度ごとに繰り返し、最後に全体を比較する。

　結果として、2018年度から2022年度までに指定された154地域（155自治体）の未来都市計画においてTに紐づけられたKPIをゴールごとに集計すると、図1のようになった。以下、5年間を通じて全体に占める割合が0.01（1％）以上増減したゴールにかぎって、結果を報告する。

　第一に、増加傾向を示したゴール（G）は、G2（18年度0.019→22年度0.035）、G3（同0.048→0.058）、G7（同0.068→0.10）、G15（同0.032→0.086）であった。最も増加幅が大きかったG15は、日本の文脈では森林や生物多様性の保全が中心テーマである。

　第二に、減少傾向を示したゴールは、G5（同0.060→0.021）、G8（同0.164→0.149）、G10（同0.022→0.006）、G12（同0.11→0.083）、G17（同0.080→0.064）であった。最も減少幅が大きかったG5は、日本の国全体としても進捗の遅れが指摘されている。以上で触れなかったのは増減幅が0.01未満のGである。

　これらの傾向を示した理由はすべて解釈できたわけではないが、少なくとも増加傾向を示したG3については、2020年から深刻化した新型コロナ感染症の影響が大きかったと推察される。また、G7については、全国の自治体にいわゆるカーボン・ニュートラル（ゼロカーボン）宣言が波及している影響が大きいと考えられる。カーボン・ニュートラル実現のためには、エネルギー使用の効率化や再生可能エネルギーの推進などG7に含まれる施策が不可欠であり、この宣言拡大とG7の割合増加が軌を一にしている。

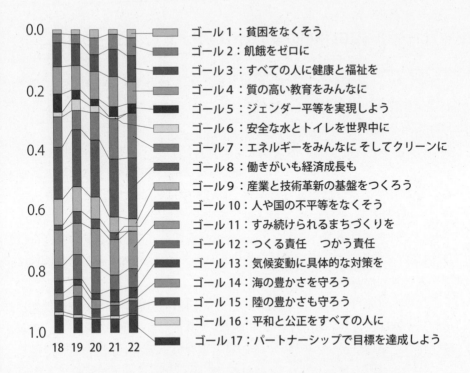

ゴール1：貧困をなくそう
ゴール2：飢餓をゼロに
ゴール3：すべての人に健康と福祉を
ゴール4：質の高い教育をみんなに
ゴール5：ジェンダー平等を実現しよう
ゴール6：安全な水とトイレを世界中に
ゴール7：エネルギーをみんなに そしてクリーンに
ゴール8：働きがいも経済成長も
ゴール9：産業と技術革新の基盤をつくろう
ゴール10：人や国の不平等をなくそう
ゴール11：すみ続けられるまちづくりを
ゴール12：つくる責任　つかう責任
ゴール13：気候変動に具体的な対策を
ゴール14：海の豊かさを守ろう
ゴール15：陸の豊かさも守ろう
ゴール16：平和と公正をすべての人に
ゴール17：パートナーシップで目標を達成しよう

	18年度	19年度	20年度	21年度	22年度	傾向
G2	0.019	0.022	0.030	0.035	0.035	増加
G3	0.048	0.052	0.039	0.047	0.058	増加
G5	0.060	0.024	0.032	0.020	0.021	減少
G7	0.068	0.050	0.046	0.066	0.100	増加
G8	0.164	0.146	0.135	0.149	0.149	減少
G10	0.022	0.025	0.024	0.028	0.006	減少
G12	0.110	0.086	0.118	0.075	0.083	増加
G15	0.032	0.076	0.081	0.074	0.086	増加
G17	0.080	0.074	0.069	0.056	0.064	減少
各年度のn	2,452	1,308	1,677	808	723	

図1　未来都市計画でターゲットに紐づけられたKPIのゴールごとの割合
（指定年度別。下の表は抜粋）

4　ローカルSDGs指標の設定とトレードオフ・シナジーの分析

　SDGsは、「1貧困をなくそう」をはじめとする17分野の定性的なゴールと分野ごとの具体的なターゲット（計169）で構成されていることは、よく知られている。他の目標と同様、SDGsには良い方向へ向かっているか、定量的に把握するために、さらにターゲットごとにグローバル指標（計232）が設定されている。このグローバル指標は国家単位の測定であるのに対し、日本の都道府県あるいは市区町村単位で同様の把握をおこなうためのローカライズ指標が、一般財団法人建築環境・省エネルギー機構（IBEC）に設置された専門家委員会「自治体SDGs検討小委員会」によって提案され、その後、内閣府の検討会において「地方創生ローカルSDGs指標」として整備され、リスト化されている。

　このローカルSDGs指標の枠組に沿って、47都道府県の実績値を収集し、指標間の相関係数とネットワークの関係性を算出し可視化したところ、窒素酸化物の年平均値が他の指標との結び付き度合いを示す中心性の高い指標として抽出された（図2参照）。この指標は、ターゲット11.6のローカル指標であるが、同じゴール内の指標であるホームレス割合（ターゲット11.1）や他のゴールの指標である携帯電話利用割合（同じく5.b）と正の相関関係にあり、逆に森林面積割合（同じく15.1）や林業試験指導機関人員率（同じく15.2）とは負の相関関係にあることが観察された。なお、この段落の分析は2019年に実施したもので、その後、現在までに地方創生ローカルSDGs指標は改定されている。

　ローカルSDGs指標間の相関関係とネットワーク関係をあわせてみると、中心性の高い窒素酸化物年平均値に対して森林面積等が負の相関関係にある（つまり、都道府県の森林面積が大きければ大きいほど、窒素酸化物年平均値が低い）という常識的な結果が得られた他、ホームレスや携帯電話保有等、「都市化」のような共通要因が窒素酸化物濃度に影響している構造が想定さ

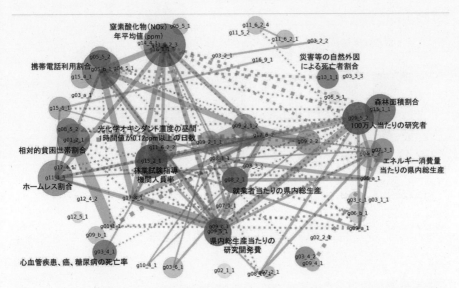

図2　ローカルSDGs指標の相関関係分析の例（実線＝正の相関，点線＝負の相関）

れる。前者の相関関係を「一方が改善されれば（森林面積）、もう一方も改善される（窒素酸化物濃度）」という意味で「シナジー（相乗効果）」と呼び、後者の都市化と窒素酸化物濃度のような二者択一（あちらを立てれば、こちらが立たず）の関係をトレードオフと呼ぶ。

　中口ら（2019）では、SDGsのDが「同時に解決」と表現されているが、上記のシナジーがこの同時解決に相当する。

5　SDGs未来都市の担当部署の特徴

　ところで、SDGs未来都市の行政機構において、SDGs政策を担当している部署はどのセクションが多いのだろうか。ここでは、行政機構のセクションを企画、環境、産業、都市、複合セクションの他、SDGs専任部署を新たに設置の6つに分類してみる。2023年度までに指定されたSDGs未来都市のう

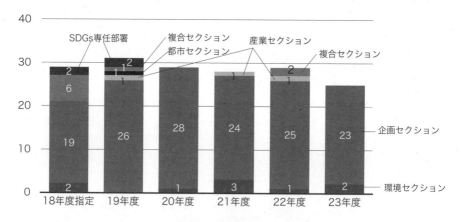

図3 SDGs未来都市の担当部署

ち担当部署が判明した171自治体中、およそ85％に該当する145自治体で企画セクションがSDGs政策を担当していることがわかった。また、SDGs専任部署は4自治体（2018年〜19年度に指定されたSDGs未来都市のみ）に設置されていることがわかった。

こうした現象は、国連での決定事項が国内自治体へ波及していった前例である1990年代以降の（ローカル）アジェンダ21が環境セクションで多く担当されていた実態（川崎・中口・植田、2004）と非常に対照的である。国の政府においても、SDGsに関する事務は環境省ではなく外務省や内閣府が主に所管しており、国の所管は自治体における担当部署の傾向を説明する要因の一つともいえよう。

6　自治体総合計画のSDGs対応の現状

これまで全国のSDGs未来都市のうち15自治体にヒアリング調査を実施した結果、自治体の行政計画のなかで最も重要視される総合計画におけるSDGsへの対応は、計画中の各施策、事務事業あるいは重点プロジェクトに

SDGsのゴール（あるいはターゲット）の何番が対応するかという、いわゆる「マッピング（紐づけ）」が中心であった。以下、マッピングを政策―施策―事務事業の3階層のうち、どの階層で実施したかについての結果を説明し、マッピング結果の表示方法やさらに誰がマッピングをおこなったかに関して、特徴をみてみよう。

　まず15自治体におけるマッピングの階層は、政策が4自治体、施策が3自治体、事務事業が4自治体、未実施が4自治体で、各階層あるいは未実施の数には大きな差がみられなかった。ただし、ここで「政策」が意味する範囲は広く、自治体によっては重点戦略や予算の柱などと表現されている階層を含む。マッピングされるSDGsは1自治体のみターゲットレベルで実施されており、他の10自治体ではすべてゴールレベルでおこなわれていた。

　マッピング結果の表示方法は大きく2通り観察された。1つ目は「星取表型」とでも呼ぶべきもので、表側（最左列）に政策や施策の一覧を配置し、表頭（最上行）にSDGsのゴールを配置した一覧表である。2つ目は「列挙型」とでも呼ぶべきもので、SDGsのゴールごとに該当する主な施策等を順番に紹介したものである（それぞれ図4、図5参照）。マッピング作業の主体については、各施策等の担当課とSDGsを担当する課が共同して担う自治体が6つと多かった。その他の主体として、40代以下、30代を中心とする若手職員のグループでマッピングしたような工夫もみられた。

　総じていえば、SDGs政策の推進要因として、自治体の政策・施策・事務事業とSDGsのゴールとのマッピングを、SDGs担当課だけでなく他の課も実施することで「各課の担当者の啓発機会」としても活用されることが示唆されたのではないだろうか。また、前述の若手職員ワーキングでマッピングを担った例では、「市の意思決定の中心である幹部会議の議論ではフォアキャスト型になりがちであり、若手ワーキングでは従来の発想にとらわれず自由な観点から意見が出た」という感想がみられ、SDGsの理念に近いと考えられるバックキャスト型のマッピングにつながっていることが推測される。

　マッピング結果の表示方法について、第一に星取表型の長所は、全体像が

容易に視認でき、自治体の各政策分野との関係が薄いゴールや濃いゴールが一目で把握できることである。したがって、行政内部でのマネジメントに活用しやすいと推測できる。また、ある政策が複数のゴールと紐づくという「マルチ・ゴール構造」を表現しやすいところが特徴である。逆に、短所としては、

	1 貧困をなくそう	2 飢餓をゼロに	3 すべての人に健康と福祉を	4 質の高い教育をみんなに	5 ジェンダー平等を実現しよう	6 安全な水とトイレを世界中に	7 エネルギーをみんなにそしてクリーンに	8 働きがいも経済成長も	9 産業と技術革新の基盤をつくろう	10 人や国の不平等をなくそう	11 住み続けられるまちづくりを	12 つくる責任つかう責任	13 気候変動に具体的な対策を	14 海の豊かさを守ろう	15 陸の豊かさも守ろう	16 平和と公正をすべての人に	17 パートナーシップで目標を達成しよう
1−1 農林水産業		●		●	●		●	●	●		●	●		●	●		●
1−2 工業				●				●	●		●						●
1−3 商業、サービス業		●			●			●	●		●						●
1−4 雇用				●	●			●			●					●	●
1−5 観光				●				●	●	●	●				●		●
2−1 都市間交流、国際交流				●					●	●	●						●
2−2 道路			●						●		●	●					
2−3 公共交通				●					●		●						
2−4 地域情報化				●				●	●								
2−5 地域づくり活動				●	●			●			●						
2−6 移住定住、関係人口、結婚支援				●	●			●		●	●					●	●
3−1 子育て	●	●	●	●					●		●						
3−2 義務教育、高等教育等	●			●												●	●
3−3 青少年の健全育成	●			●				●									
3−4 生涯学習				●	●			●			●						●
3−5 文化芸術、スポーツ・レクリエーション			●	●				●	●		●					●	
3−6 人権、男女共同参画	●			●	●											●	●
3−7 文化財の保護、地域文化の伝承			●	●					●		●	●					●
3−8 骨寺村荘園遺跡の保護				●	●				●		●	●		●	●		●

図4　星取表型のSDGsマッピングの例（一関市）

●経済的に困難を抱える人への支援
●としま子ども若者応援プロジェクトの推進

●こころとからだの健康づくりの推進
●ファーマーズマーケットでの食材の提供

●総合高齢社会対策プロジェクトの推進
待機児童ゼロ。切れ目のない子育て支援

●すべての子どもが自分らしく育つ環境づくり
●多様な学習活動の支援と学びの循環の創造

●あらゆる分野での男女共同参画社会の実現
●女性が輝くまちの推進

●パブリックトイレやアートトイレによる魅力向上

ゼロカーボン

●IKEBUSの活用促進
●ゼロカーボンシティ推進

働き方・観光

●池袋副都心や活力ある地域拠点の再生
●マンガアニメ等としまオンリーワンブランド発信

産業・起業

●地域産業の活性化
●新たな価値を生むビジネス展開の支援

機会均等

●多様性・寛容性の高い多文化共生の推進
●としまキッズパークなどインクルーシブな取組

まちづくり

●人が主役のウォーカブルな都市空間の形成
●区民ひろばでの世代を超えた交流活動

3R

●3Rの推進啓発
●責任ある消費活動の普及啓発

気候変動

●ゼロカーボンシティ推進
●複合災害への対応等災害に強いまちづくり

海洋生態系

●3Rの推進啓発
●新制度によるプラスチック資源の分別収集

陸上生態系

●グリーンとしま再生プロジェクトの推進
●みどりあふれる地域と

治安・適正手続

●セーフコミュニティ、安全安心まちづくり
●平和や人権に関す

参画・協働

●女性、障害者等あらゆる人の区政への参画
●公民連携オールとしまで

図5　列挙型のSDGsマッピングの例（豊島区）

関係がある箇所をすべて○印で示してしまうと、どれが重点なのか、主に関係するゴールは何かという点が読み取りづらい。この短所への対策としては、重点を◎印に変えるなど、わずかな工夫で乗り越えられることから、それほど大きな欠点はないと判断できる。

　一方、列挙型については、「特定のゴールに関心のある人が該当する情報を探しやすい」という長所があげられる。つまり、外部とのコミュニケーションに適した表示といえる。逆に、短所として、SDGsに関連する施策のすべてが示されるわけではないし、星取表型に比較すれば一つの施策に一つのゴールが対応する単純な「シングル・ゴール構造」になりがちであることもあげられる。このように、星取表型と列挙型のいずれにも長所短所があることから、マッピング結果の使用目的に応じて使い分け（または両方を作成）する必要がある。

7　まとめと今後の課題

　最後に全体をまとめると、次のようなことがわかった。まず、環境モデル都市、環境未来都市からSDGs未来都市に至る流れの中で、それぞれに指定された自治体をみると、北海道下川町、横浜市、富山市及び北九州の4自治体は、すべてに指定されており、日本を代表する「モデル都市」として期待されているといえる。これら4自治体を除けば、環境未来都市とSDGs未来都市の双方に指定された自治体は東松島市のみであった。

　むしろ環境モデル都市とSDGs未来都市の双方に指定された自治体が、上記の4を除いても11自治体あり、どちらかといえば低炭素に焦点が当てられていた環境モデル都市よりもSDGs未来都市の方が「間口」が広がり（そもそも選定数も多い）、国内の自治体においてSDGs政策の推進を促す要因になっていることが推測される。

　2018年度から2022年度までに指定されたSDGs未来都市の計画書・申請書からは、5年間を通じて記載されるゴールの割合が、特定のゴールに限って変化していることが観察された。例えば、増加傾向を示したゴールは、ゴール2（飢餓をゼロに）、ゴール3（すべての人に健康と福祉を）、ゴール7（エネルギーをみんなに　そしてクリーンに）、ゴール15（陸の豊かさも守ろう）であった。最も増加幅が大きかったのはゴール15であるが、この5年の間の変化としては新型コロナ感染症のまん延やカーボン・ニュートラル（ゼロカーボン）宣言の広がりなどがあるものの、すべての増加ゴールについて合理的な解釈が出来ているわけではない。

　SDGs未来都市においてSDGs政策を担当している部署をみると、圧倒的に企画セクションが多く、この現象が（ローカル）アジェンダ21と対照的であり、自治体政策におけるSDGsの主流化の推進力として機能している可能性がある。

　自治体の総合計画におけるSDGsへの対応状況は、総合計画の政策や施策

が、SDGsのゴールやターゲットとどのように関連するかを示した「マッピング（紐づけ）」が中心であり、「星取表型」と「列挙型」のいずれにも長所と短所があげられるものの、それらはいずれも手段であることを忘れてはならない。SDGsを含む国連文書の「2030アジェンダ」でも強調されている"Transformation（変革）"の観点からは、従来の施策の単なる延長ではなく、マッピングの結果を踏まえて、「SDGsの視点を持ったからこそ、初めて生まれる、分野横断的な施策」の立案が強く求められているといえよう。これまで調査してきた自治体で、こうした施策に正面から取り組んでいるのは多くみられず、事例としては、経済的貧困対策と資源のリユースを統合した大阪府堺市の「制服リサイクル」など少数であるといわざるを得ない。まだまだ事例の発掘が必要だと思われるし、筆者らも、このような分野横断・統合的な施策の創出に各地で取り組んでいきたい。

謝辞並びに重要な注記

　本稿の大部分は、環境研究総合推進費「ローカルSDGs推進による地域課題の解決に関する研究（JPMEERF20211004）」による成果である。ここに記して、謝意を表したい。
　また、データや図表等の初出は増原ら（2023）であり、本稿は下記の増原ら（2019）及び増原ら（2023）の内容を、自治体担当者等にもわかりやすく伝えることを目的として、大幅に書き直したものである。

参考文献

奥岡桂次郎・白川博章・大西暁生・東修・谷川寛樹・井村秀文（2009）地域特性に適した温暖化対策に関する研究—環境モデル都市を例として—. 第37回環境システム研究論文発表会講演集，pp.329 ～ 335.
川久保俊（2021）ローカルSDGsの策定と推進による地域循環共生圏の実現. 環境情報科学50巻4号，pp.56 ～ 63.
自治体SDGs推進評価・調査検討会（2022）
地方創生SDGsローカル指標リスト（2022年9月改定版）
中口毅博・熊崎実佳（2019）SDGs先進都市フライブルク. 学芸出版社，pp.219.
豊成春子, 田畑智博(2020)「環境未来都市」構想に関する取組の効果と課題に関する考察. 環境科学会誌33巻6号，pp.172 ～ 183.
増原直樹（2006）実効性ある温暖化対策と政策主体. 地方自治職員研修541号，pp.50 ～ 52.

増原直樹・岩見麻子・松井孝典（2019）地域における SDGs 達成に向けた取組みと課題：先進地域における目標・指標設定の傾向. 環境情報科学学術研究論文集33, pp.43 〜 48.

増原直樹・岩見麻子・熊澤輝一・鈴木隆志・松井孝典・川久保俊（2023）自治体計画における SDGs の反映と重点ゴールに関する研究—全国154の SDGs 未来都市計画及び15自治体への聞取り調査結果を題材として—. 環境情報科学学術研究論文集37.

松井孝典（2022）ローカル SDGs 推進による地域課題の解決に関する研究. 環境情報科学51巻2号, pp.85 〜 86.

SDGsの庁内浸透に向けた方策

NPO法人環境自治体会議環境政策研究所　理事長　**小澤　はる奈**

1　はじめに

　今や多くの自治体が何らかの形でSDGs達成に向けた取組を実施している。SDGs未来都市に選定された自治体でなくても、各種計画にゴールとの関連を掲載したり、研修や広報などで情報発信をしたりという動きがみられる。

　内閣府が実施したアンケートによれば、SDGsに向けた取組を推進している自治体は70.6％に上る。取組の内容としては、総合計画・地方版総合戦略への反映（「推進している」の割合60.9％）を実施している自治体が多いが、自治体内部における普及啓発活動（43.7％）、情報発信による学習と成果の共有（33.2％）と、SDGsに関する学習機会の確保も重視されていることが分かる（内閣府, 2022）。一方で、SDGs推進における自治体内部のバリアーとして最多となっているのが「行政内部での理解、経験や専門性が不足している」ことであり（内閣府、同）、各部局での施策・事業においてSDGsの実装を進めるため、まずは職員の理解を深めたいと願うSDGs推進担当部局の思いがうかがえる。

　ここでは、SDGs未来都市を中心に、SDGsの理念や自治体としての取組の方向性を庁内に浸透させるため、どのような方策が取られているかを紹介する。

2　職員研修の実施

　SDGs未来都市の多くが、職員を対象とした研修を実施している。SDGs推

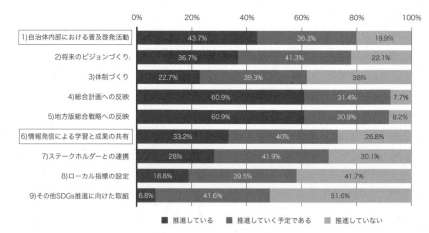

出典：内閣府（2022）より作成

図1　SDGs達成に向けた自治体の取組

進担当部局が講師を務めるものから、外部専門家を招聘するもの、連携企業から講師や資料の提供を受けるものなど、研修の実施手法や内容は様々である。研修の資料は、SDGs推進担当部局の職員が作成する場合もあるが、ノウハウを持つ民間企業などから提供を受けるケースもある。包括連携協定を結んだ企業が作成した資料を活用する自治体も散見される。

　亀岡市では、対象者ごとに複数の研修プログラムを設け、ポイントとなる人材の育成と全庁的普及を両輪で進めている。まず係長級を対象に研修会を実施し、これに参加した係長が各係職員に対して内部研修を実施、その研修内容を報告書にまとめてフィードバックしている。この一連の流れにより、少しずつSDGsとのつながりを意識しながら各係の所管業務が行われるようになっているという。新採職員を対象にした研修も実施されているが、半年間の業務経験の後に研修のタイミングを設けることで、自身の業務とSDGsの関連を実践的に捉えることができるよう工夫している。さらに興味深いのが、若手職員を対象としたプログラムである。窓口・企画・事務の各部門から若手職員を募り、1年半ほどかけてSDGsの知識を習得する。学んだこと

出典：堺市提供

図2　個人端末に表示される画面の例（堺市）

を発表して講師による講評を受け、さらに踏み込んだ活動のアイディアを検討する。検討した内容や実際の職員による取組を動画にまとめ、職員のみが利用できる庁内システムで配信している。

　日常的にSDGsに関する情報発信を実施する例もある。堺市では、職員が利用するパソコン端末にゴールとそれに関連する個人で実施可能な行動に関するメッセージを表示するようにしている。また、庁内システムを利用して各ゴールや未来都市の取組に関するクイズを出題し、回答することを通じて職員が気軽に学べるきっかけを創出している。

3　ロゴマーク、サインの掲出

　各課執務室の入口や窓口カウンターに、所管業務と関連するゴールのマークを掲出している自治体もある。業務とゴールの関連を職員が日常的に意識

SDGs未来都市・堺

出典：堺市ウェブサイト

出典：鯖江市ウェブサイト

図3　オリジナルロゴの例（堺市・鯖江市）

できるほか、来庁者へのアピールにもなっている。

　「SDGs」を日頃から目にする機会を増やすという点では、ロゴをあしらったポロシャツ・Tシャツなどを製作し職員の着用を推奨している例もある。国連のロゴのほか、独自デザインのロゴマークも数多く制作されている。例えば堺市は、2019年に世界遺産に登録された百舌鳥・古市古墳群をはじめ多くの古墳が市内に存在することから、古墳をモチーフにしたロゴマークを製作した。鯖江市は国内トップのシェアを占める眼鏡の形を用い、未来都市計画で掲げる「女性が輝くまち」を表現するため、左右の円をゴール5（ジェンダー平等）のオレンジ色でつなぐデザインを採用している。オリジナルロゴでピンバッジなどのグッズを製作し、職員が身につけたり市民・企業による使用を進めることで、SDGs取組の機運を高めようとする狙いがある。

4　個別目標の設定、評価

　部局ごとの所管業務との関連を具体的に意識して取り組むことを促すため、個別目標の設定や評価を行う自治体もある。

　真庭市では、年度当初に各部局の重点的な事業・課題として「部局経営目標」を設定しているが、この中でSDGsのゴールと紐づけてアクションを実

令和4年度　部局経営目標（達成状況）

年度	令和4年度	作成日	令和5年3月31日
部局名	総務部	部局長名	████████

（1）部局の役割・使命（ミッション）・経営方針

【No.11住み続けられるまちづくりを】

1.健全な財政運営と適正・効率的な行政経営
　真庭市が永続的に発展し、「真庭ライフスタイル」を実現するため、健全な財政運営を堅持しつつ人口に合わせて財政規模を設定し「まち」「市役所」の経営を目指す。

2.公有財産管理と有効活用
　「ひと」と「まち」の将来に責任をもつ市役所として、持続可能な「まち」の経営をするため、公共施設等の再配置と財産活用に取り組みます。

3.職員力・組織力の向上
　質が高い成熟した市役所経営を担う人材を育成し職員力の向上を図るとともに、定員適正化計画に基づき、職員の年齢構成を是正しながら職員数の確保に努めます。

4.行政情報の収集・提供と活用
　国県や社会情勢の情報を収集し、行政経営に有益な情報共有を行い、職員が創意工夫する風土をつくり行政経営の質の向上に努めます。

（2）事業成果目標	指標名及び目標値			
1-①健全な財政運営と適正・効率的な行政執行 ・健全で持続可能な財政運営を堅持するため、市民的視点での徹底した歳出抑制と歳入の確保に努め、単年度収支の改善を図ります。 ・重要な財政指標である経常収支比率や実質公債費比率等を推計する中期財政計画のローリング（財政の見通し）を行い、堅確性の高い計画に基づいた次年度当初予算の編成を行います。 ・事務事業評価システムを有効に活用し、事業成果を的確に把握するとともに、次年度予算編成への反映を図っていきます。 ・国・県補助制度をはじめ、民間、財団等が実施する助成制度等の財源情報の収集に努め、確保可能な財源について、積極的に活用していきます。 ・令和3年度決算に係る国の統一的な基準による財務4表（公会計）を作成します。また、財務4表を他市比較等により市財政の状況を把握し分析結果を公表します。 （参考）経常収支比率：H30 89.8%、R1 90.4%、R2 89.9%	指標：経常収支比率			
	目標値	実績値	評価	次年度への課題
	95%未満	93.0%（財政計画の見込））	R3年度は普通地方交付税の追加交付があったため想定以上に経常収支比率が減少した。	人口減少などにより分母の要素となる普通地方交付税が減少することにより今後上昇する見通し。

出典：真庭市ウェブサイトを加工

図4　真庭市の部局経営目標の例（総務部）

表1　士幌町のマイSDGs宣言と監査チーム所見（一部）

	各課のマイSDGs宣言	監査チームの所見
産業振興課	宣言「食品廃棄物の削減に取り組む」 ・目標：朝礼時に家庭等での食品ロスの削減事例について紹介し合う。 ・目標値：6回（下半期　月1回、1名ずつ）	・今後の目標として、職場内の取り組みだけではなく、家庭でも食品ロスの削減を呼びかけようとする運動は素晴らしい。 ・今後は地域住民を取り巻く活動が生まれるよう期待したい。
町民課	宣言「残業時間の削減」 各担当ごとに、毎週業務状況の確認を行うことで、業務量の偏りをなくし、残業を減らすことのできるよう調整を図る。 目標値：週1回	・町民との直接的なやりとりが多い部署であるため、積極的に呼びかけや施策を行っている。 ・業務状況の確認を毎週行うなど、課内全体で取り組んでいることがうかがえる。
国保病院	宣言「診察や来院を通して、医療、健康の情報を発信する」 下半期の目標：町民に対して、広報を介して医療、健康の情報を発信する。 目標値：6回（下半期　月1回）	・患者がいるため、他部署と同様に目標を達成することが難しいが、各セクションが連携して目標を達成に向けて工夫している。 ・ポスターの掲示等により医師や看護師、外部の人間（患者等）にも周知を図っている。 ・環境配慮についての知識や意識の向上に努める姿勢が見られる。

出典：士幌町2022年度 LAS-E 監査資料より作成

施、取組状況を4半期毎に点検してホームページで公開している。また職員個人の率先行動の宣言・実行を推奨しており、「わたしのSDGs宣言」としてホームページで一覧が公開されている。個人の行動目標は「地域防災力の強化（ゴール13）：気象に関する知識の研鑽に努め、地域の実情に合った防災を実践できるように、自主防災組織の強化を目指す」といった担当業務のレベルアップに関するもの、「有給休暇の積極的取得（ゴール8）：生産的な業務推進と働きがいとの両立を目指すためにも、残業を極力せず、有給休暇を積極的に取得していきます」といった働き方に関わるものから、「耕作放棄地の解消（ゴール2）：休みの日などを活用して、畑や田んぼの作業を行い、耕作放棄地の解消に努めるとともに、安全安心な農作物を作っていきます」といったプライベートでの活動まで多岐にわたる。

　SDGs未来都市ではないが、士幌町では環境マネジメントシステムの一環

でSDGsに関する目標設定と監査を実施してきた。課・施設ごとの目標は、本来業務を通じて貢献できるゴールを特定し、その達成に向けた取組目標を「マイSDGs宣言」として設定したものである。年度後半に実施する環境マネジメントシステム監査において、目標に対する進捗状況を書面で報告し、監査チームのチェックを受ける。この監査チームには庁内各課の環境推進担当職員のほか、地域住民と専門家も参加しており、職員相互の、また住民目線での評価コメントがフィードバックされるのが特徴である。

5　予算や事業評価資料での掲載

　行政の各種事業の計画に必須である予算書、あるいは事務事業の実行計画や評価の際に作成する資料の中で、関連するゴールやゴールの達成に寄与した内容について記述を求めている自治体もある。

　前述の真庭市が作成・公開している「部局経営目標」にも、事業成果が含まれている。つくば市では事務事業評価（内部監査）の対象となる「事務事業マネジメントシート」の中で関連するゴールを掲載、埼玉県では「予算見積調書」でゴール・ターゲットを掲載しており、いずれもホームページで公開している。予算要求や事務事業評価という、行政にとってルーティン化された業務の中で、かつ事務事業の単位でゴールやターゲットを紐づけることで、すべての部局が「手持ちの仕事」とSDGsのつながりを意識する機会を持てる点で有効なしくみである。

6　SDGsの理念を反映する方策

　本稿でまとめたように、行政職員がSDGsを理解し、自らの所管業務とSDGsの関連を意識できるよう様々な工夫がなされている。世界的な潮流の中で日々の業務がどのような意味を持つのかを知ることは、職員の視野を広げ地域の現状を俯瞰的に捉えること、その上でより質の高い市民サービスの

令和 4年度　事務事業マネジメントシート

事業の基本情報

事務事業名	158　多文化共生推進事業				
予算科目	01-030110-19　国際化の推進に要する経費			担当部課	市長公室国際都市推進課
市長公約	15			係名	国際都市推進係・国際都市連携係
戦略プラン	Ⅲ-3	1	2	国際理解講座や文化交流事業の開催	新規・継続	継続
	Ⅲ-3	1	3	日本語支援体制の充実	事業分類	自治事務（任意）
					事業体制	補助金（直接）
個別計画	つくば市グローバル化基本指針			事業期間	毎年度
根拠法令等	第2次つくば市グローバル化基本指針策定懇話会設置要項			SDGs	04質の高い教育をみんなに
					10人や国の不平等をなくそう
					16平和と公正をすべての人に

事業の概要

対象	市民（市内に在住・在勤・在学する者を含む）
目的	つくば市国際交流協会等と連携し、多文化共生を推進する事業を行うとともに、第2次つくば市グローバル化基本指針を策定し、国際意識の啓発と多文化共生社会の形成を図る。
概要（取組内容）	第2次つくば市グローバル化基本指針の策定 児童生徒の異文化理解促進のための国際理解講座を実施 国籍を越えた市民交流を推進するためのイベント等の開催 外国にルーツを持つ子どもたちの日本語学習支援 外国人住民が日本語を話したり、日本の文化・習慣等に触れることができるイベントの開催

出典：つくば市ウェブサイトを加工

図5　つくば市の事務事業マネジメントシートの例（抜粋，国際都市連携課）

令和 5年度予算見積調書

課室名：河川砂防課
担当名：荒川上流域、砂防担当
内線5：5141
（単位：千円）

番号	事業名	会計	款	項	目	説明事業
P43	社会資本整備総合交付金（砂防）事業費	一般会計	土木費	河川費	砂防費	社会資本整備総合交付金（砂防）事業費
事業期間	大正5年度～	根拠法令条	砂防法第5条、第13条、地すべり等防止法第7条、第29条	針路	01	災害・危機に強い埼玉の構築	SDGsゴール 11、13
				分野施策	0103	治水・治山対策の推進	SDGsターゲット 11-5、13-1

1　事業の概要
　土砂災害から県民の生命や財産を守るため、砂防関係施設整備を計画的に推進し、災害の防止や地域の安全確保を図る。

　砂防・地すべり対策事業　422,040千円

2　事業主体及び負担区分
社会資本整備総合交付金
（国1/2・県1/2）
（国1/3・県2/3）

3　地方財政措置の状況
公共事業等債　充当率90%（通常分50%　財対分40%）
交付税措置　財対分50%

5　事業説明
（1）事業内容
　砂防指定地に砂防施設を施工する。

（2）事業計画
　滝山・萬開沢（ときがわ町）外7箇所
　・避難所や要配慮者利用施設等を有する箇所において、重点的に堰堤工や渓流保全工を実施する。
　・実効性のある警戒避難体制の拡充のため、土砂災害防止法に基づく基礎調査を推進する。

（3）事業効果
　土石流による災害から人命・財産を保護することができる。

（4）その他
過去の実績（単位：千円）
年度	平成30年度	令和元年度	令和2年度	令和3年度	令和4年度
事業費	376,600	523,600	604,900	243,600	289,720

出典：埼玉県ウェブサイトを加工

図6　埼玉県の予算見積調書の例（抜粋，河川砂防課）

施策					事業						年度実施計画、実績 【担当課入力欄】			評価コメント
							SDGs評価(6点以上重点)				4～5月入力		9～10月入力	中間評価
分野	大項目	中項目	施策の方向性	担当課	事業No.	事業内容	参画性(1)	統合性(2)	評価点(1)×(2)	重点取組	事業実施内容	事業目標	中間実績	評価コメント
1 自然共生社会	1 生物多様性の保全・再生	1 里地里山の保全	「絆」北側緑地を保全配慮地区として指定します。保全配慮地区において、住民等との協働による里地里山の保全活動を進めます。	環境政策課(計画・緑化)	2	「絆」北側緑地を生物多様性保全活動の拠点として活用する。	2	3	6	●	村内小学生を対象に自然観察会を開催する。	中丸小FW：年2回、エンジョイサマースクール：年1回 イオンチアーズFW：年1回	中丸小FW：1回(6/8) エンジョイサマースクール：1回(7/22)	小学校対象のFWは全校での実施には至らないとのことであるが、教員が参加・体験できる機会があれば村内のフィールドの価値を知っていただけることになり、実施校拡大に繋がることが期待できる。
1 自然共生社会	1 生物多様性の保全・再生	1 里地里山の保全	「絆」北側緑地を保全配慮地区として指定します。保全配慮地区において、住民等との協働による里地里山の保全活動を進めます。	環境政策課(計画・緑化)	3	保全配慮地区2地区(前谷津・天神山)で、実施する。その際には、みどりの保全に関する講習・説明を行う。	3	2	6	●	前谷津・天神山で、地区自治会との協働による下草刈りを実施する。保全配慮地区を整備する住民団体へ新制度の報償金を支給する。	自治会協働の保全活動：年1回 報償金支給：3団体	自治会協働の保全活動：3月実施予定 報償金支給：2団体 村民から申請受付	地元自治会に「お願い」する形ではなく、地元住民が自ら保全活動を実施するような形が望ましい。村民会議自然環境部会でも、地元自治会との対話を進めようと取り組んでいる。

出典：東海村資料

図7　東海村環境基本計画の施策体系表（抜粋）

創出につながることが期待できる。

　一方で現状の取組の大部分は、業務とゴールの関連に重点が置かれているように見受けられる。SDGsの重要な点はゴール・ターゲットの理解のみではない。ゴール・ターゲットの達成に向けた動きの中で、分野横断的に取り組むこと、多様なステークホルダーの参画で進めること、実施プロセスや結果をモニタリングし公開することなどもまた、SDGsの理念として重視されるべきである。

　環境政策に限定されたしくみではあるが、東海村では環境基本計画の進捗管理においてSDGsを反映している。第3次東海村環境基本計画では施策単位でゴールとの紐づけを明記した上で、事業ごとにSDGs推進のポイントである「統合性（取組効果の分野横断の度合い）」と「参画性（行政以外のステークホルダーの関与度合い）」の観点で評価している。統合性・参画性の評価

が高い事業は、住民と事業者の代表で構成する環境基本計画推進委員会の評価対象となり、年度中間と年度明けに事業評価を受ける。環境基本計画推進委員会では、事業実績と担当課の自己評価コメント、委員自らの生活経験や知見に基づき対象事業の評価コメントをまとめ、担当課にフィードバックしている。評価コメントを参考に実施手法などを変更することで、より効果の高い事業にしていくとともに、各事業の統合性・参画性が高まることを期待した事業評価システムとなっている。

　事業の目的としてのゴール・ターゲットだけでなく、事業の進め方、換言すれば「行政の考え方・動き方」にSDGsの理念を反映することで、行政のあり方が向上していく—このような動きが拡大していくことを期待したい。

参考文献

内閣府「令和4年度SDGsに関する全国アンケート調査結果について」, https://www.chisou.go.jp/tiiki/kankyo/kaigi/pdf/00_R4_kekka.pdf（2023年8月31日閲覧）
真庭市「わたしのSDGs宣言」https://www.city.maniwa.lg.jp/soshiki/3/36926.html（2023年9月20日閲覧）
真庭市「令和4年度部局経営目標を公表」https://www.city.maniwa.lg.jp/soshiki/3/1095.html（2023年9月10日閲覧）
つくば市「令和4年度事務事業評価」https://www.city.tsukuba.lg.jp/soshikikarasagasu/seisakuinnovationbukikakukeieika/gyomuannai/4/5/16243.html（2023年9月10日閲覧）
埼玉県「令和5年度当初予算」https://www.pref.saitama.lg.jp/yosan-info/ST2023-10/main.html（2023年9月10日閲覧）

市民・事業者向け普及策

NPO法人環境自治体会議環境政策研究所　理事長　**小澤 はる奈**

1　はじめに

　今やSDGsという言葉を目にしない日はないと言えるほど、多くのメディアでSDGsに関する話題が取り上げられる機会は増えてきた。大多数の国民が「SDGsという言葉」を認知していると見てよいだろう。株式会社電通が継続実施している調査では、2023年1月の最新調査においてSDGsの認知率は9割を超えた。内容まで含めて知っているとした回答者の割合は40.4％と、2018年の初回調査の11倍以上に増加している。SDGsを認知している人の9割弱が、SDGsについてポジティブな印象を持っているとの結果も出ている（電通,

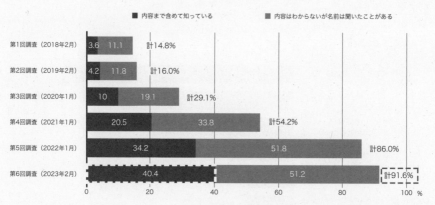

出典：株式会社電通「第6回SDGsに関する生活者調査」

図1　SDGsの認知率（時系列、n:1400）

2023)。2015年のSDGs採択前後の国内の雰囲気からすると、隔世の感である。

　では、市民や企業によるSDGs達成活動の状況はどうか。9割以上の市民が認知していて、そのほとんどがポジティブな印象を持っているのであれば、SDGs未来都市をはじめとする行政の取組もスムーズに展開できると思われるが、行政担当者からは実際には「生活との結びつきを実感してもらえない」「自分事として捉えて行動できる市民は多くない」といった声が漏れ聞こえてくる。前出の内閣府調査によれば、SDGs推進の障壁として2割近くの自治体が市民の関心の低さを指摘している。

　また、日米中の若年層を対象にした調査では、SDGsの取組がされた商品を積極的に購入したい、人に薦めたくなるとした回答者は中国で多く、日本では「何も思わない」との回答がもっとも多く、特に20～30代で顕著であった（株式会社アスマーク，2022）。

　国内では、SDGsについて知識はあっても購買行動を含む日常の行動・選択にはつながっていないことが明らかである。こうした現状に対して各自治体は、市民や地域内事業者に向けてSDGsの意義や自治体の取組を発信すべく、様々な工夫をしている。本節ではごく一部になるが、その事例を紹介する。

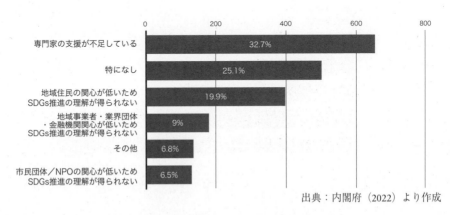

出典：内閣府（2022）より作成

図2　自治体以外の関係者との連携に関するバリアー

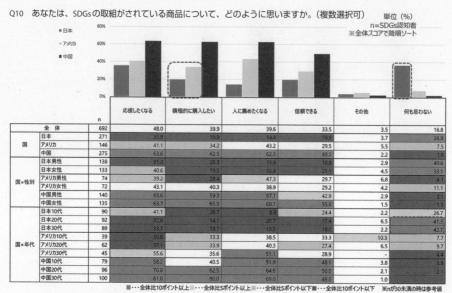

Q10　あなたは、SDGsの取組がされている商品について、どのように思いますか。（複数選択可）

単位（%）
n=SDGs認知者
※全体スコアで降順ソート

		n	応援したくなる	積極的に購入したい	人に薦めたくなる	信頼できる	その他	何も思わない
	全体	692	48.0	39.9	39.6	33.5	3.5	16.8
国	日本	271	35.8	19.9	14.4	19.9	3.7	36.9
	アメリカ	146	41.1	34.2	43.2	29.5	5.5	7.5
	中国	275	63.6	62.5	62.5	49.1	2.2	1.8
国×性別	日本男性	138	31.2	20.3	15.9	18.8	2.9	40.6
	日本女性	133	40.6	19.5	12.8	21.1	4.5	33.1
	アメリカ男性	74	39.2	28.4	47.3	29.7	6.8	4.1
	アメリカ女性	72	43.1	40.3	38.9	29.2	4.2	11.1
	中国男性	140	63.6	59.3	57.1	42.9	2.9	2.1
	中国女性	135	63.7	65.9	68.1	55.6	1.5	1.5
国×年代	日本10代	90	41.1	26.7	8.9	24.4	2.2	26.7
	日本20代	92	32.6	14.1	20.7	17.4	6.5	41.3
	日本30代	89	33.7	19.1	13.5	18.0	2.2	42.7
	アメリカ10代	39	30.8	33.3	38.5	33.3	10.3	7.7
	アメリカ20代	62	37.1	33.9	40.3	27.4	6.5	9.7
	アメリカ30代	45	55.6	35.6	51.1	28.9	-	4.4
	中国10代	79	58.2	40.5	51.9	48.1	3.8	3.8
	中国20代	96	70.8	62.5	64.6	50.0	2.1	2.1
	中国30代	100	61.0	80.0	69.0	49.0	1.0	

■…全体比10ポイント以上 ■…全体比5ポイント以上 ■…全体比5ポイント以下 ■…全体比10ポイント以下　　※nが30未満の時は参考値

出典：株式会社アスマーク調べ

図3　SDGsの取り組みがされた商品への印象

2　ボードゲームの活用

　SDGsの理念やゴール間の連関を体感できるツールとして、ボードゲームが利用されるケースが多い。市民向け啓発イベントとして民間団体が製作したカードゲームが実施されているが、自治体オリジナルのゲームを開発し活用しようとする動きもある。

　豊田市では、2022年にSDGs研修カード「とよたSDGsマスター」を製作した。SDGsの理念や意義、豊田市の魅力や課題等を伝えるカードゲームで、カードにはSDGsのゴールと豊田市のオープンデータを紐づけたクイズが掲載されている。地域課題を自分事として捉え、行動するきっかけとなることを目指したものである。複数名でプレイすることで、クイズの答えを予想しあったり、ゲーム前後で対話の機会を設けたりすることで、行動することの重要

出典：豊田市ウェブサイト

図4　とよたSDGsマスター

性を共有し、広めることができる人材を育成することが意図されている。

　上士幌町では2021年に「SDGs推進プロジェクトチーム」を立ち上げた。若者・多様性・ジェンダー平等の観点から、若年世代を中心に多様な分野からメンバーを構成し、SDGsの学習と普及啓発のためのアウトプットの討議を重ねた。この中で生まれたのが上士幌町オリジナルSDGsボードゲームである。一般社団法人未来技術推進協会が製作した「Sustainable World BOARDGAME」をベースにしたもので、上士幌町を舞台に17ゴールのスコア向上を目指してミッションに取り組んでいくゲームである。ミッションカードには上士幌町で実際に行われている事業や活動が描かれている。町内の課題と解決策が各ミッションカードに記載されているため、ゲームに参加しながら町内の取組とその意義が理解できるようになっている。ボードゲームで扱う町内の取組や課題は、プロジェクトチームのワークショップの中で話し合われたものが採用されている。

　両自治体では、ゲームのファシリテーションができる人材を育成する研修も実施している。

上士幌町オリジナルボードゲームのミッションカード（著者撮影）

3　各課持ち回りでの情報発信

　前項では庁内にSDGsへの理解を浸透させるための方策をまとめた。SDGs
推進担当課以外の職員にとって、所管業務とSDGsの関連を理解して業務に
落とし込むことは容易ではないが、各所管課に情報発信の窓口としての役割
を持たせることで、普及啓発と庁内の意識向上を一挙両得で進める取組があ

る。

　東広島市では、庁内14部局が登場する「リレーコラム」をホームページ
で公開している。各部局長・職員数名などがインタビューを受けるという形
式で、所管業務の概要とSDGsの関係、地域の課題や今後の展望を語った内
容が記事になっている。所管業務の紹介だけでなく、市民に対するメッセー
ジも含む内容となっている。職員が関連するゴールのロゴを持った写真も掲
載されるため「顔出しあり」という形である。各部局トップが自身の言葉で
SDGsについて発信することが、行政の仕事を市民が身近に感じる演出にも
なっている。

　豊島区は、SDGs未来都市モデル事業として公園を核としたまちづくりに
取り組んでいる。その一つの動きが、としまみどりの防災公園（イケ・サン
パーク）を会場として毎週末に開催しているファーマーズマーケットである。
産地直送の農産物や区内の名産品、交流都市等の野菜や名産品を購入できる
とあって多くの来場者でにぎわう。このファーマーズマーケットにおいて、
区のSDGsの取組を発信する「SDGsブース」を出展している。このSDGsブー

ファーマーズマーケットのSDGsブース（著者撮影）

スは、毎週、様々な課が持ち回りで担当している。出展内容は、不燃化特区の周知パネル掲示と防災食配布（都市整備部　地域まちづくり課）、パープルリボン（女性に対する暴力を根絶する運動の象徴）を使ったワークショップ（男女平等推進センター）、ファミリーサポート制度の紹介とミニコンサート（子育て支援課）など、様々に趣向を凝らしたものとなっている。担当課は展示内容を検討したり、当日に来場者とコミュニケーションを取る中で自らの業務とSDGsの関連をより深く理解していく。来場者も展示を見たりワークショップを体験したりする中で、区の幅広いSDGsの取組を認知するきっかけとなっている。

4　パートナー制度の創設

(1) パートナー制度とは

　SDGs推進を目的に、地域の事業者や市民団体等の情報を登録する制度を創設した自治体も増えている。自治体によって様々な呼称があるため、ここでは「パートナー制度」とする。自治体としては、地域の事業者等によるSDGs取組の活性化や、行政・事業者が連携したSDGs推進事業、あるいは登録団体同士の連携による新規事業の展開などを期待してパートナー制度を構築している。登録団体側のメリットとしては、自治体のウェブサイト等で情報発信されることによる認知度向上や、ある種の「お墨付き」が得られることへの期待が中心であろう。自治体によっては入札時の加点や金融機関からの資金調達時の優遇などを制度化しているところもある。

　地方創生SDGs金融調査・研究会のまとめでは、2023年7月31日時点でパートナー制度を有している自治体は、23道府県64市区町に上る。このうちSDGs未来都市は57自治体であり、未来都市指定を受けた自治体の約31%がパートナー制度を創設している状況である。

　このまとめでは、パートナー制度を以下の3種に分類している。

宣言：地域事業者等が地方創生SDGsに取り組む意思を宣言する
登録：地域事業者等が地方創生SDGsの取組を表明・自己評価し、登録する
認証：第三者が、地域事業者等の地方創生SDGsの取組を評価し、認証する

　このうち、SDGs取組の意思表示だけで良く比較的ハードルが低いと思われる「宣言」が39件（42％）、実際の取組が求められる「登録」が63件（68％）、もっともハードルが高い「認証」はわずか5件（5％）であった。一つの制度が複数の種類を兼ねているケースもあり、また一自治体が複数のパートナー制度を持つ場合もある。例えば鳥取県では、個人・企業・団体を対象とした「とっとりSDGsパートナー制度」と営利事業を行う県内事業者を対象とした「とっとりSDGs企業認証制度」の2つのしくみを有している。前者はこれまでの

	宣言	登録	認証
概要	地域事業者等が地方創生SDGsに取り組む意思を宣言する	地域事業者等が地方創生SDGsの取組を表明・自己評価し、登録する	第三者が、地域事業者等の地方創生SDGsの取組を評価し、認証する
目的	地方創生SDGsへ取り組んでいる、または今後取り組もうとしている地域事業者等の奨励	地方創生SDGsへ取り組んでいる地域事業者等の奨励	地方創生SDGsへ取り組んでいる地域事業者等に対する金融機関等の支援機会の拡大
被認証主体 (地域事業者等) の要件	地方創生SDGsに取り組む意思及び方針がSDGsの17のゴールと関連付けて明確化されていること		
		SDGsの169のターゲットに関連した目標及び取組計画が示されていること	
			目標に向かって取組を推進する能力・体制が整っており、それを第三者が確認できていること

出典：地方創生SDGs金融調査・研究会「地方公共団体のための登録・認証等制度ガイドライン2020年度【第一版】（2020年10月策定）」

図5　パートナー制度のモデル

取組と今後の予定を記載して申請すれば登録されるもので、後者は外部有識者による審査がある。申請手続の難易度は上がるが、登録されれば県制度融資における特別枠や補助金の利用、専門家派遣など、事業継続に必要な各種支援を受けることができる。

(2) パートナー制度の具体例

　真庭市では、2018年から「真庭SDGsパートナー制度」を開始した。市とともにSDGs達成に貢献することを宣言し、自社がどのような取組をするかを記載した宣言書を提出することで登録される。登録団体は2023年7月10日時点で405団体となっている。登録情報は市ホームページで公開されており、パンフレットも作成・公開されている。年1回の「SDGs円卓会議」では登録パートナー同士が対面で交流する機会もある。また、入札時の加点要件になっているため、公共事業を受注する企業にとってのインセンティブになっている。

　日野市では、2022年から「日野市SDGs推進事業者登録制度」を開始した。市内の事業者を対象とするもので、提出書類を専門家等からなる登録審査会にて審査し、登録の可否を決定する。2023年9月までに11社が登録されている。審査の際には、SDGsとの整合性に基づき、①商品やサービスの持続性、②事業リスクの管理、③経営（特徴的な知的資産）、④労働・人権・ワークライフバランス、⑤環境負荷軽減への取組、⑥地域社会の課題解決に対する取組の6点について評価する。登録事業者は、本制度を所管する産業振興課が実施する補助金制度での優遇措置等を受けられることが予定されているが、特徴的なのは申請書類である。登録を希望する事業者は、「SDGs推進事業計画書」や「サステナビリティ・セルフチェックシート」などの書類を提出することが求められている。この書類を作成するプロセスが、自社のサステナビリティへの取組状況を自己点検し、環境や地域課題への貢献を含む短中期的な経営ビジョンを策定することそのものになっている。事業の継続とSDGs取組を両立しようとする地域企業の動きを下支えする制度と言える。

日野市 SDGs 登録制度 申請フォーム **わが社の SDGs 推進事業計画書**	企業・団体名 （フリガナ）		業 種		提出日	年 月 日

2030 年の SDGs の達成に向けて、私たちは以下のように取り組むことをここに宣言します。　申請者　（役職）　　　　　（氏名）

◆会社の事業概要等

◆わが社と地域とのつながり

◆わが社が重点的に SDGs の推進に取り組んでいること 及び 2030年の自画像

事業活動を通じて社会の課題を解決していくために、特にこのように SDGs に取り組んでおり、将来はこのようにありたいと考えています。

Goal 番号	重点的に SDGs に取り組んでいること	2030 年の自画像(目指す将来像)	次回更新までの 3 年間で取り組むこと

◆わが社の事業のリスク

どの企業も事業に伴うリスクがあります。上記を実現するために、事業が抱えているリスクについて想定し、それを解消した未来を考えています。

現在事業経営で抱えているリスク	そのリスクが解消された未来(私たちの将来像)	次回更新までの3年間で取り組むこと

周辺環境シート

◆わが社の環境負荷軽減への取り組みの現状と目標

どの企業も、オフィスで電気を使用するなど、ある程度の環境負荷があります。また、通勤や配送など、気づかないうちに温室効果ガスを排出しています。
SDGs に配慮したより良い未来を創り出すために、わが社の現在と未来を次のように計画します。

①気候変動が将来どのような影響をもたらすのかという視点

気候変動の主なリスク	具体的にどのような影響が考えられるかを想定できる範囲で説明	気候変動の主なリスク	具体的にどのような影響が考えられるかを想定できる範囲で説明
売上や経費、利益などの財務面に対するリスク		仕入や販売、社員確保などの営業面に対するリスク	

②気候変動に対応し、かつ、気候変動がもたらす影響に先回りすることで、リスクを機会に変える視点

SDGs 達成の視点	現在	2030年の自画像(目指す将来像)	次回更新までの 3 年間で取り組むこと
	例を参考に記入	例を参考に記入	例を参考に記入
資源の効率化や利用エネルギーのシフトについて			
サービスや事業内容、取扱製品のシフトについて			

◆地域社会の課題解決に対する今後の取組目標

SDGs に配慮したより良い未来を創り出すために、わが社が地域とどう関わり、地域にどう貢献するかについて、次のように計画します。

特に重点的に取り組みたい地域課題(例を参考に記入)	私たちにできる対応策や実現したい将来像(自由記入)	次回更新までの 3 年間で取り組むこと(自由記入)

出典：日野市ウェブサイト

図6　日野市SDGs推進事業計画書の様式（抜粋）

　東広島市では、2020年度から「SDGs未来都市東広島推進パートナー」の制度を開始した。2023年9月8日時点で338団体が登録されている。SDGs活動にすでに取り組んでいるか、取組の意欲があることを宣言書に記入して提出することで、登録可能となっている。市ホームページには登録団体のリストが掲載されており、団体・企業種別や活動に関連する主なゴールで絞込検索を行うこともできる。東広島市は、企業・団体間が連携してSDGs活動を展開することを重視しており、これを促進するしくみとして「SDGsマッチング」をスタートした。連携活動をしたい団体は、専用フォームから連携により解決したい課題などを入力して申請し、市による審査を経てホームページに掲載される。また、パートナー登録団体同士が連携して行う事業に対して交付する「SDGs活動補助金」が2022年度より始まり、それぞれの団体が持つノウハウやスキルを活かした新たな取組を生み出すことにつながっている。制度立ち上げ期においては、SDGs推進部局以外の部署から案内したり、すでに登録した企業から紹介してもらうなどしてパートナー登録団体を拡大していった。さらに、登録団体の情報をもとに担当者が個別に相談するなどしてマッチングの事例を増やしていっている。制度を設けたまでは良いが活用されない、というケースも少なくない中で、担当職員が能動的に地域内の企業・団体と関わることがパートナー制度のエンジンになっていることが分かる好事例である。

5　おわりに

　前出の電通調査ではSDGsの認知経路も尋ねているが、SDGsについて見たり聞いたりする機会として6割以上がテレビと回答しており、報道機関や情報機関がWEB上で発信する情報、新聞と続く。行政からの発信は16.9%に過ぎない。本稿で紹介したような、ゲームやイベントへの参加を楽しみながらSDGsを学んだり、体験する機会を通して、行政の取組を身近に感じてもらうことが、この割合を高めていくことにつながると考えられる。また、

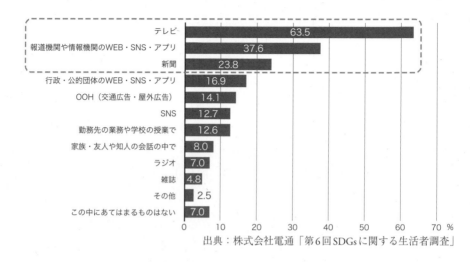

テレビ　63.5
報道機関や情報機関のWEB・SNS・アプリ　37.6
新聞　23.8
行政・公的団体のWEB・SNS・アプリ　16.9
OOH（交通広告・屋外広告）　14.1
SNS　12.7
勤務先の業務や学校の授業で　12.6
家族・友人や知人の会話の中で　8.0
ラジオ　7.0
雑誌　4.8
その他　2.5
この中にあてはまるものはない　7.0

出典：株式会社電通「第6回SDGsに関する生活者調査」

図7　SDGsの認知経路（n:1283）

パートナー制度を有効に活用し、地域内の企業や団体の活動が活性化すること、その様子が見えることも、市民や事業者がSDGsを自分事として捉えるようになることに貢献するであろう。

　前述のとおり、SDGsの認知・知識が選択や行動の転換に直結していない現状があり、自治体や各メディアが盛んに情報発信しているその努力とは、残念なギャップがあると指摘せざるを得ない。自治体のSDGsの取組について知ったとき、市民が生活の中で何らかの動きが取れるよう、そのオプションは可能な限り幅広く用意されていることが望ましい。地域の企業や商店を含むあらゆる場で、さまざまなSDGs取組が行われていることが可視化され、市民が容易にアクセスできる環境づくりが求められる。

参考文献

株式会社電通「第6回SDGsに関する生活者調査レポート」, https://www.dentsu.co.jp/news/release/2023/0512-010608.html, 2023年9月22日閲覧

株式会社アスマーク「日本・アメリカ・中国のSDGsに関する意識比較調査」, https://www.asmarq.co.jp/data/ex202202sdgs/, 2023年9月22日閲覧

地方創生SDGs金融調査・研究会「登録認証等制度　構築自治体一覧（令和5年7月31日現在）」,

https://www.chisou.go.jp/tiiki/kankyo/kaigi/pdf/toroku-ninsho_list230731.pdf, 2023年9月22日閲覧

地方創生SDGs金融調査・研究会「地方公共団体のための登録・認証等制度ガイドライン2020年度【第一版】（2020年10月策定）」, https://www.chisou.go.jp/tiiki/kankyo/kaigi/pdf/sdgs_finance_guideline.pdf, 2023年9月22日閲覧

豊田市「豊田市版SDGs研修カード「とよたSDGsマスター」」, https://www.city.toyota.aichi.jp/shisei/juten/1054234/1054744.html, 2023年9月22日閲覧

上士幌町「上士幌町オリジナルSDGsボードゲームが完成!」, https://www.kamishihoro.jp/sp/sdgs/00000456, 2023年9月22日閲覧

東広島市「リレーコラム」, https://hh-sdgs.jp/column/, 2023年9月22日閲覧

鳥取県「とっとりSDGsパートナー制度」, https://www.pref.tottori.lg.jp/293339.htm, 2023年9月22日閲覧

真庭市「「真庭SDGsパートナー」を募集します」, https://www.city.maniwa.lg.jp/soshiki/3/1092.html, 2023年9月22日閲覧

日野市「日野市SDGs推進事業者登録制度」, https://www.city.hino.lg.jp/sangyo/chusho/1022564.html, 2023年9月22日閲覧

東広島市「パートナー登録制度」, https://hh-sdgs.jp/partner_system/, 2023年9月22日閲覧

第2章　自治体のSDGs達成活動

鳥取県中部シュタットベルケ構想の実現に向けて

北栄町　副町長　**岡本 圭司**

1　北栄町の紹介

　北栄町は、鳥取県の中央部にあり、およそ1万4000人が暮らす町です。北に日本海を臨み、白砂青松の海岸線から広がる北条砂丘、水田や住宅地が立ち並ぶ低地の北条平野、そして大山の裾野から続く火山灰土の丘陵地帯と、鳥取県の地形の特徴をグッと詰め込んだまちです。

　四季がはっきりとしていて、穏やかで過ごしやすい日がある一方で、真夏の暑さや降雪、強風、寒暖差が大きいという山陰特有の気候となっています。

　大栄西瓜、ながいも・ねばりっこ、ぶどう、らっきょうなど年間を通して豊かな実りのある農産地ですが、近年では漫画「名探偵コナン」の作者の青山剛昌さんの出身地であることを活かし「名探偵コナンに会えるまち」として、多くの観光客で賑わうまちともなっています。

2　北栄町のこれまでの取組

　地形のバラエティに富む北栄町は、昔は、砂丘の飛砂や低地の洪水、農業に向かない火山灰土など、自然の脅威を長年にわたる努力で克服してきた歴史を持っています。

　そのため、環境問題への関心も高く、町を中心として脱炭素社会実現に向けたさまざま施策に取り組んできました。2005年には人・地域を悩ます強風を活かそうと町営の「北条砂丘風力発電所」として9基の風力発電事業を

開始し、この風車は町の環境に向けた取組のシンボルになっています。また、家庭用太陽光発電に対する支援や、住宅の断熱改修に対する補助金など、環境にやさしい持続可能なまちづくりを進めています。

　また、公共施設への再生可能エネルギー導入も進めており、最近では、B&G海洋センターへ太陽光発電と蓄電池、木質バイオマスボイラーを導入しました。この導入により、プールの加温による利用期間の延長、体育館やトレーニングルームへの暖房等、利用者が快適に施設を利用できる環境が整い、利用者の健康増進へつながっています。

　さらに災害時でも電気と熱を施設へ供給できるなど避難所としての機能も向上し、住民の安全安心に寄与しています。

　このように北栄町では、脱炭素を手段に地域の課題解決に取り組んでいます。

3　風のまちづくり事業（北条砂丘風力発電事業）

　北条砂丘風力発電所の9基の風車は、今年で18年目を迎えています。1基1,500kWの発電能力を持ち、9基で北栄町の一般家庭およそ6,000世帯分の電気をまかなう規模で建設されました。町営でのこの規模での風力発電は当時としては大変珍しく、国内でも最大規模のものでした。

　この売電収入の一部（毎年度約5,000万円）を活用して、「風のまちづくり事業」を行っています。地域の街灯や小中学校の照明のLED化・空調導入、住民、地域が行う太陽光発電などの創エネルギー・省エネルギー対策への補助など、環

北条砂丘風力発電所

境・教育分野を中心に活用することで、住民の利便性の向上に資するだけでなく、環境問題を身近に考えるよい機会となっています。

4　新たな地域エネルギー事業へ

(1)　地域外へ流れ続けるエネルギー資金への懸念

　地域の長年の懸案となっていたのが、住民や民間事業者が年間に支払う電気代です。北栄町と近隣の琴浦町、湯梨浜町の3町で合計約50億円が地域外へと流出していると試算されています。この地域においても、太陽光発電をはじめ再生可能エネルギーを活用した発電施設が多く設置されていますが、そのエネルギーを地域内で活用できるしくみが十分にない状況にあります。

　一方、鳥取県内でも東部、西部地域では、地域新電力会社が設立されて地域内でお金とエネルギーを循環させるしくみができつつあります。そこで、3町が位置する中部でもエネルギーと経済の地域内循環を目指して地域新電力事業の勉強会を始めました。

(2)　官民連携した地域新電力事業

　2019年度から地域の事業者を巻き込んで勉強会を設立し、すでに鳥取県西部で事業を始めているローカルエナジー株式会社などの方々の講演や先進地の視察を通して、知識を深めていきました。

　2020年度には環境省補助金を活用し、3町の公共施設を需要とした新電力事業のFS調査を実施しました。3町間で幾度もミーティングを行い、各町での理解促進を図るとともに、公共施設の電気使用量などを共有して、FS調査を進め採算性が見込めることを確認し、官民連携・民間主導での事業実施が有効だと結論づけました。

　2021年度には、事業者を公募し、北栄町、琴浦町、湯梨浜町、倉吉市の事業者4社で構成された事業体の提案を選定しました。その後、地域新電力会社である株式会社鳥取みらい電力が設立され、2022年度には倉吉市も参画し、北栄町、琴浦町、倉吉市の1市2町と地方銀行が株式会社鳥取みらい

電力へ出資し、2023年度から公共施設への電力供給が始まりました。

(3) 鳥取県中部シュタットベルケ構想

　ドイツのシュタットベルケをヒントにした「鳥取県中部シュタットベルケ構想」は、民間事業者と行政が連携して取り組む公益性のある小売電気事業を財源として、地域の課題解決に再投資するしくみで、地域の脱炭素化と地域内経済循環を推進することを実現していくものです。

　また、その中心となるのは官民連携・地元民間主導で運営を行う「株式会社鳥取みらい電力」であると考えています。

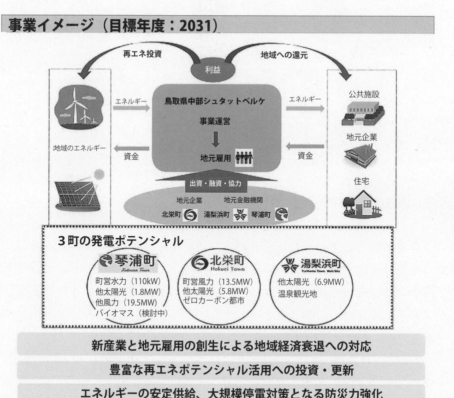

事業イメージ（目標年度：2031）

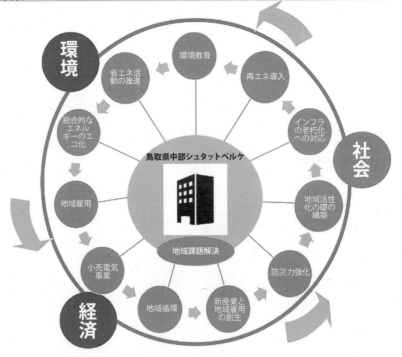

目指す地域循環共生圏の姿（目標年度：2031）

環境

環境教育

省エネ活動の推進

再エネ導入

総合的なエネルギーのエコ化

インフラの老朽化への対応

社会

鳥取県中部シュタットベルケ

地域雇用

地域活性化の礎の構築

地域課題解決

小売電気事業

防災力強化

経済

地域循環

新産業と地域雇用の創生

5　2050年北栄町脱炭素ロードマップ

　世界各地で増え続ける異常気象は、気象災害の激甚化や自然環境の劣化等を引き起こし、「気候変動」は私たち人類の存続の脅威になっています。そのため、北栄町は2019年12月に「北栄町気候非常事態宣言」を表明し、2050年までに町内におけるゼロカーボン（人為起源のCO_2の実質排出ゼロ）を目指すこととしています。

　2023年4月「2050年北栄町脱炭素ロードマップ」を策定。ロードマップでは2050年度までに気候変動対策（省エネ・再エネ）に取り組むことで脱炭素社会を実現するとともに、持続可能な社会の実現やエネルギーの地産地消

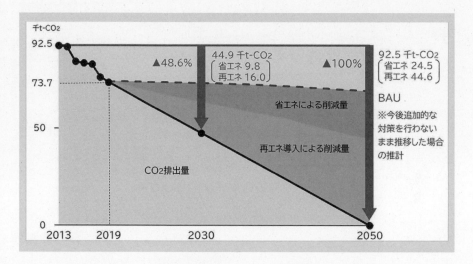

北栄町脱炭素ロードマップの目標

による地域経済循環がもたらす経済発展により、町民が健康で安心安全に暮らしていけることを目指します。

　ロードマップ策定においては、ほくえい未来トークや町内にある県立鳥取中央育英高校の出前講座などを実施し、業種や年代を超えて多くの方から意見をいただきました。

6　今後の展開―「持続可能なまちづくり」に向けて

　北栄町は2050年ゼロカーボンに向けて、脱炭素ロードマップを基に取組を行っていきます。しかし、私たちが目指すのは単にCO_2の削減ではなく「持続可能なまちづくり」です。脱炭素の取組を通じた町民の生活の向上、経済の循環を実現していくことを第一に取組を行っていきたいと考えています。

　そのためにも、町内外の人材、企業などと連携し、多様な考え方や、人のネットワークを活かしながらまちづくりを進めてまいります。

神戸市が推進する
「まわり続けるリサイクル」について

神戸市環境局業務課　地域環境担当課長　松山 雄一郎

1　はじめに

　神戸市は、緑豊かな山々、恵み多き海、美しい里山など、豊かな自然環境に囲まれた都市であるが、一方で、近年経済活動が盛んになり、地球温暖化が原因とされる豪雨や災害など気候変動の影響が顕在化している。

　そのため、神戸市では現在のくらしを持続可能なものとし、次世代に引き継いでいくために、再生可能エネルギーの普及や水素エネルギーの利用促進に加え、新たにブルーカーボンの活用などに取り組むことで、2050年の二酸化炭素排出実質ゼロを目指すゼロカーボンシティ（脱炭素のまちづくり）の実現を目指している。

　また、2016年3月に改定した健全で快適な環境の確保に関する基本的な計画である「神戸市環境マスタープラン（環境基本計画）」では、「1.二酸化炭素の排出が少ないくらしと社会」「2.資源を有効利用し、ごみができるだけ発生しないくらしと社会」「3.生物が多様で、自然のめぐみが豊かなくらしと社会」「4.安全・安心で快適な生活環境のあるくらしと社会」という4つの基本方針を掲げ、22の基本目標のもと59の基本施策を設定し、この基本施策の中から他の施策の積極的展開に波及することに期待して、6つの重点施策に取り組んでいる。

　次に、神戸市のごみ排出量（収集量）については、1982年度から2000年度まで右肩上がりで増加し続け、約20年間でほぼ2倍となったものの、循環型社会の形成に向けた国における各種リサイクル法の制定に加えて、神戸市

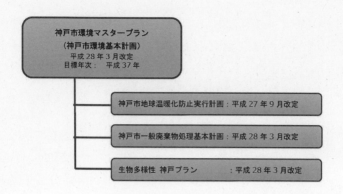

図1　神戸市環境マスタープラン体系図

においてもリデュース、リユース、リサイクルをはじめとする減量資源化に施策を転換し、ごみの発生抑制や排出前資源化の取組、缶・びん・ペットボトルや容器包装プラスチックを分別区分に加えた6分別収集、単純指定袋制度の導入等により、ごみの減量資源化が進んでいる。

2　「まわり続けるリサイクル」

　神戸市におけるプラスチックリサイクルとしては、2011年度から分別収集を開始している容器包装プラスチックがある。これは神戸市のごみ減量に一定の効果をもたらした一方で、制度上リサイクルの実態が市民の目に見えにくいという課題がある。

　そこで神戸市では、プラスチックごみに関する今後の方向性を検討するため、学識経験者や市民・事業者代表等で構成される環境保全審議会プラスチック問題専門部会を設置し、①容器包装リサイクル法のプラスチックのリサイクルの現状と課題、②地域におけるごみ出し支援のしくみ、③海洋への流出を含めたリデュース対策の3つのテーマについて議論していただいた。

　それぞれのテーマにおいて課題が洗い出され、リサイクルに向けた品質の高い分別の実現をはじめ、分別のしやすさを考えるという点においても、す

べての基本がリデュースであり、リデュースのためにどうしていくのかという視点で議論がされた結果、「財政面を考慮しながら、弱者、多様なライフスタイルに対応した政策を具体化し、リデュースを基本とした品質の高い分別を目指す」という取りまとめが示された。

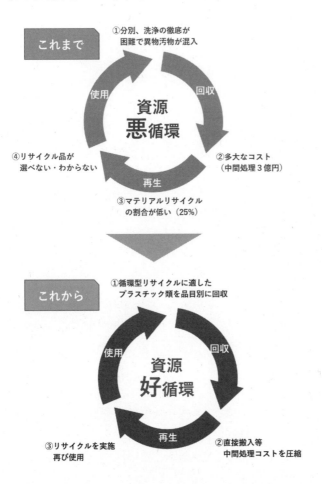

①分別、洗浄の徹底が
困難で異物汚物が混入

これまで

使用　回収

資源
悪循環

④リサイクル品が
選べない・わからない

再生

②多大なコスト
（中間処理3億円）

③マテリアルリサイクル
の割合が低い（25%）

①循環型リサイクルに適した
プラスチック類を品目別に回収

これから

使用　回収

資源
好循環

③リサイクルを実施
再び使用

再生

②直接搬入等
中間処理コストを圧縮

図2　まわり続けるサイクル

特に地域におけるごみ出しにおいては、品質の高い分別を実現するために「常時出せる回収」「定期的な回収」「インセンティブのある回収」という3つに自由にアクセスできる方法を具体化し、その情報収集に努めることとされている。

この取りまとめを受け、神戸市としては、これまでのリサイクルの「集めたものをどうリサイクルするか」という考え方から、「何にリサイクルするためにどのようなものを

集めるか」へと、発想を転換することが必要と考え、現状のプラスチックの
リサイクルを一歩進めるため、利用目的を明確に定めたうえで、必要なプラ
スチックを集め、プラスチックとして使い続けることができる「まわり続け
るリサイクル」に取り組んでいくこととした。

3　つめかえパックリサイクル

　神戸市と小売・日用品メーカー・リサイクラー（再資源化事業者）18社が、
循環型社会の実現に向けて協働し、神戸市内75店舗（2023年8月時点）の
小売店舗に回収ボックスを設置、洗剤やシャンプーなど使用済みの日用品の
つめかえパックを分別回収して再びつめかえパックに戻す「水平リサイクル」
を目指す「神戸プラスチックネクスト～みんなでつなげよう。つめかえパッ

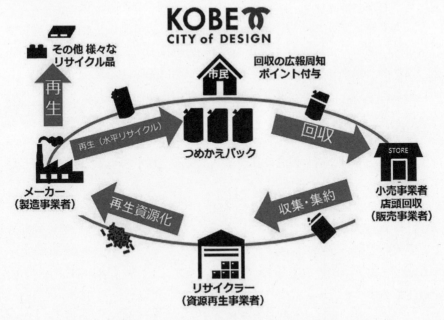

図3　つめかえパックリサイクル　スキーム図

みんなでつなげよう。
つめかえパック
リサイクル

図4　つめかえパックリサイクルロゴ、回収ボックス

クリサイクル～」を、2021年10月1日より実施している。

　2022年4月、プラスチックの回収・リサイクルにおいて自治体と企業などの連携による自主的な取組が柱の一つとなる「プラスチック資源循環促進法」が施行された。

　これに先駆けてスタートした本プロジェクトは、自治体と製造・販売・回収・再生に関わる複数の企業等が"競合"の垣根を超えて"協働"でつめかえパックの「水平リサイクル」を目指す、全国に先駆けた試みとなっている。

　日用品のつめかえパックはプラスチック使用量の削減に大きく貢献している反面、様々な特性を持つ多層構造のフィルムから成るため、生活者に身近なプラスチック製品にリサイクルされることが少なく、中でも使用済み製品を資源に戻して再び同じ製品にリサイクルする「水平リサイクル」は難しいとされてきた。

　このような背景のもと、神戸市をフィールドに意志を同じくする企業等が"競合"の垣根を超えて"協働"し、プラスチックを同じ用途で使い続けることで天然資源の消費を抑制する、つめかえパックの「水平リサイクル」（フィルム to フィルム）に挑戦するプロジェクトを立ち上げた。神戸から全国へ広がる活動とすべく取組を推進している。

　日用品メーカー各社は、製品の濃縮によるコンパクト化、つめかえ・付替え用製品の開発・発売により、消費者が使用した後で廃棄する容器包装への

図5　対象品目と出し方

プラスチック使用量の削減努力を続けている。なかでも、つめかえパックのフィルム容器は本体ボトルに比べ、プラスチック使用量が70 〜 80％削減されており、リデュース（発生抑制）に大きく貢献している。

　つめかえパックに使用されるフィルムは、耐光性、シール性、防湿性、ガスバリア性など、様々な特徴を持つ複合素材である。フィルムには、主成分のポリエチレンをはじめ、PET、印刷面のインキや接着剤、アルミ等が含まれており、このような構造が中身の保護や薄さを可能にしているが、一方でリサイクルの難易度を高めている。色、強度の低下、不純物などの課題があり、生活者が使用する製品としてリサイクルするには、高い技術が必要となる。

　日本容器包装リサイクル協会によると、2021年度には、家庭からの排出量131.8万トンのうち、46.3万トンがリサイクルされているが、フィルム容器は、複合素材でできていることからリサイクルが難しく、多くはサーマルリカバリーによる発電などの用途で使われ、CO_2 として排出されていると推計される。また、パレットや擬木などへのマテリアルリサイクルも行われてはいるものの、生活者の手元に届く製品にはリサイクルされていない現状がある。

　プラスチックごみの発生抑制に貢献してきたつめかえパックだが、CO_2 排

出ネットゼロの社会を見据えたとき、これからはリサイクル率を向上させ、更にはつめかえパックから再び生活者が使用するつめかえパック製品に戻す「水平リサイクル」の実現に向けて、更に努力を重ねていく必要がある。

「水平リサイクル」の実現には、フィルム再生技術の向上はもちろん、
■生産段階からリサイクルしやすい素材や形状等を考慮したフィルム開発
■自治体と連携した回収の効率化やコストダウン
■つめかえパックの分別・回収への生活者の理解促進
■回収したつめかえパックの効率的な選別
などが必要と考えられ、「神戸プラスチックネクスト～みんなでつなげよう。つめかえパックリサイクル～」では、市民・メーカー・小売・リサイクラーが一丸となって、これらの課題解決に挑戦している。

施設のエントランス等いつでも出せる場所に回収ボックスを設置

中身の見える透明な回収ボックス

4　資源回収ステーション

2021年11月より、全国初となるプラスチック資源に特化した資源回収ステーションを設置した。質の高いプラスチック資源等を回収し、「まわり続けるリサイクル」を実践する拠点となっているほか、誰もが関わる「ごみ出し」をきっかけに地域交流が生まれるコミュニティ拠点として、多くの方にご利用いただいている。現在、市内10か所（2023年8月末時点）に設置している。

資源回収ステーションの特徴とし

て、

■ 施設の開場時間内ならいつでも資源出しが可能で、指定ごみ袋が不要

■ どのように分別したらよいかの「見える化」

■ 回収した資源のリサイクル先の「見える化」

■ 資源出しをきっかけにした利用者同士の交流の場

回収した資源のリサイクルフローの掲示

などがあり、回収ボックスやリサイクルに関する展示の工夫を行っている。

資源出しついでにおしゃべりができるコーヒーコーナー

　資源回収ステーションは、開設以降多くの方にご利用いただいており、ふたば資源回収ステーション（長田区、2021年11月4日開設）では月600人前後、あづま資源回収ステーション（中央区、2022年8月28日開設）では月1,000人以上が資源の持ち込みを行っている。

　また、来場者に実施したアンケート調査によると、資源回収ステーション利用者のうち、70%以上の人が「リサイクルの理解が深まった」

0円で譲り合いができるリユースコーナー

と回答しており、リサイクルへの意識が向上したことが伺える。

　資源回収ステーションでは、リサイクルに取り組む企業等と連携して、プラスチック資源を品目別に回収し、「まわり続けるリサイクル」の取組を推

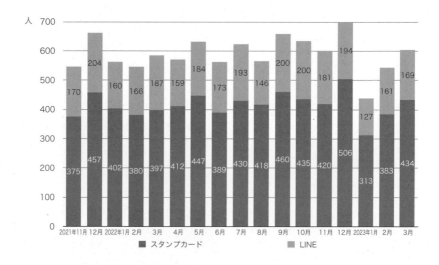

図6　ふたば資源回収ステーション資源持ち込み人数

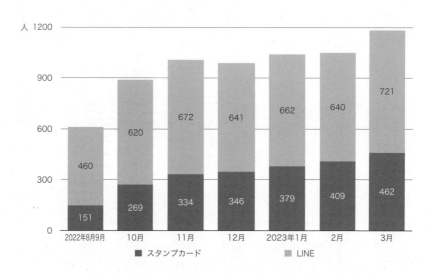

図7　あづま資源回収ステーション資源持ち込み人数

資源回収ステーションに関連して、利用以前に比べて次のことにご回答ください：リサイクルの理解

回答者のうち、ふたばでは75%、あづまでは71%が深まったと回答

	①とても深まった	②深まった	③変わらない	未回答	合計
ふたば	15	66	17	11	109
	14%	61%	16%	10%	100%
あづま	12	52	18	7	89
	13%	58%	20%	8%	100%

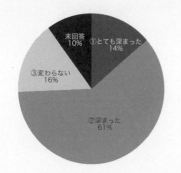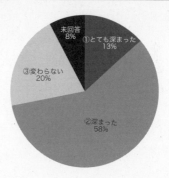

図8　アンケート結果

進している。

　2023年度からは、ペットボトルキャップの水平リサイクルに向けた取組や、ポリスチレン素材の乳酸菌飲料容器回収・再資源化プロジェクトも開始しており、プラスチック資源の回収方法の確立や再資源化の検討に活用されている。

5　ボトルtoボトルリサイクル

　近年、石油由来プラスチックの使用量及びCO_2の削減など環境負荷の低減の観点から、ペットボトルの持続可能な利用に向け、飲料メーカーや小売事業者を中心に、ペットボトルをペットボトルに再生するボトルtoボトルリサイクルの機運が高まっており、各社で検討が進められている。

神戸市の家庭から排出されるペットボトルは、缶・びんとともに三種混合で収集し、市の資源リサイクルセンターに集約、選別、減容、圧縮、梱包後、容器包装リサイクル協会との契約に基づいて引き渡され、リサイクル事業者によりリサイクルされている。何にリサイクルされるかは選ぶことができず、繊維などペットボトル以外の用途に再生されているのが現状になっている。

　このような状況を踏まえ、持続可能な循環型社会形成に向け、限りある資源を有効活用し、プラスチックを同じ用途に再生し使い続けることができる「まわり続けるリサイクル」のさらなる推進を図るため、資源リサイクルセンターのペットボトルを、ペットボトルに再生するボトル to ボトルリサイクルを2022年度より開始した。

　ボトル to ボトルリサイクルでは、遠東石塚グリーンペット株式会社が代表企業の法人連合体とペットリファインテクノロジー株式会社が代表企業の法人連合体の2事業者に使用済みペットボトルを引き渡している。いずれの事

図9　ボトル to ボトルフロー図

業者も、高度な技術で使用済みペットボトルから不純物を除去し、厚生労働省「食品用器具及び容器包装における再生プラスチック材料の使用に関する指針（ガイドライン）」に基づき安全性の判断基準を満たした上で、適切な製造品質管理を行ってボトルtoボトルリサイクルを実施している。

　2022年度は神戸市で収集した使用済みペットボトルのうち2分の1をボトルtoボトルリサイクルに引き渡しており、2023年度は引き渡し量を3分の2に拡充している。

6　おわりに

　プラスチックは工業製品から容器、包装資材に至るまで地球上のあらゆる製品に使われており、その利便性においては暮らしに無くてはならない存在である。

　一方で、年々増え続ける膨大な量のプラスチックごみは、海ごみなどの様々な環境問題を引き起こす原因の一つとなっており、神戸市のみならず世界的な社会問題となっている。

　神戸市では、つめかえパックリサイクルや資源回収ステーションでの取組等、市民・事業者・自治体が一体となった新たなリサイクルの取組を通じて、プラスチックを持続可能な資源にするため、プラスチック問題の現状と課題にしっかりと向き合い、市民・事業者とともにプラスチックのこれからを考えていきたい。

紙の地産地消商品「木になる紙」の公共調達による地域振興や脱炭素への取組

佐賀市総務部契約監理課　課長　山口 和海

1　リッチ・ローカル佐賀市

　佐賀市は人口約23万人の佐賀県の県庁所在都市である。2005年と2007年の8市町村の合併により、市域は山から海まで広がり、北部は脊振山地を隔てて福岡市と隣接し、南部は有明海に面している。平野部では特産のコメが13年連続で最高ランクの特Aを獲得し、有明海で養殖されている海苔は、2022年まで19年連続で日本一の生産量を誇っている。また、森林面積は市域の40％以上を占めており、森林資源も豊富である。

　こうした中、佐賀市はまちづくりの目標を「リッチ・ローカル佐賀市」と定め、豊かな自然環境や歴史・文化など、今ある佐賀市の魅力を大切にしながら、そこに新しい技術や発想を次々に取り入れるまちづくりに取り組んでいる。ここでいうリッチとは、経済的な豊かさだけでなく、市民の幸福度や体験の豊かさなど心の価値も指している。

2　「木になる紙」導入の背景

　佐賀市は8市町村合併を経て、市北部の森林地帯の豊富な水資源を嘉瀬川経由で南部の有明海まで注ぎ、海苔等の水産資源の生育環境の維持・貢献に結び付けることで、山から里、町、海が一体となって発展する「佐賀市ならではの新しい地域振興」を目指している。

　この施策が成功すれば、自然環境保護と市経済の活性化の両面で成果が得

られるとともに、北部中山間地域を含む旧町村への配慮によって、合併後の新佐賀市の一体感の醸成が図られ、他に例の無い事例を達成できるのではないかと考えた。

　佐賀市も同様に全国各地で山村荒廃が問題となる中で、その原因の一つに挙げられる放置間伐材の課題解決が迫られている。2008年の九州地方知事会において、豊かな生活環境の実現、森林資源の持続的利用及び森林の多面的機能の高度発揮に向けた「九州の森林づくりに関する共同宣言」が、九州七県と九州森林管理局によって採択された。

　これに呼応したかのように、翌2009年には九州産の間伐材が30％配合された再生コピー用紙である「木になる紙」がグリーン購入法適合品に認定されるとともに、本格的に普及・販売が開始された。

3　佐賀市の「木になる紙」の取組概要

　佐賀市は、公共調達による中山間地域の振興（森林整備・環境保護・経済支援等）を行うため、商品価値の低い「間伐材」を有効活用して商品開発した九州発の官民協働プロジェクト「木になる紙」の調達を2009年度から開始し、現在に至っている。開始直後は地元佐賀産も含む「九州間伐材」を活用していたが、2014年度からは「地産地消」をより強化し、地元「佐賀産間伐材」を活用した「佐賀の森の木になる紙」の調達へと深化させてきた。

　そして、現在は更なるステップアップとして、2021年度末には公共調達が生み出した環境価値（カーボン・クレジット）を取得し、佐賀市のCO_2の総排出量と相殺（オフセット）する新たな取組を2022年度から開始している。

　以下、「木になる紙」のしくみや導入経緯、そして継続した取組から得られた複合的な政策効果（森林整備・CO_2削減・還元金支給・雇用創出・環境教育・協働の推進・炭素取引）などについて述べたい。

4 公共調達での「木になる紙」の導入

　佐賀市は「木になる紙」のグリーン購入法適合化の流れにいち早く着目し、2009年度から、市が調達するコピー用紙を一斉に「木になる紙」に切替え、支所や市立小中学校等を含む市のすべての部署で導入することとした。

　「木になる紙」の販売代金の一部には、原料となる間伐材を供給した森林所有者に支給される「還元金」が含まれているのが特徴である。

　すなわち、森林所有者が「木になる紙」の原料となる間伐材を供給するごとに、一般市況価格よりも有利な価格で間伐材が買い取られているが、さらに一定額の還元金（例：コピー用紙A4サイズ1箱当たり52円）が、森林所有者に渡されるしくみがあり、森林所有者の間伐意欲の喚起につながる効果を持っている。

　市の全部署で一斉に「木になる紙」を導入した狙いは、まさにこのしくみにある。市北部地域の森林整備が行き届かずに荒れている現状を改善し、間伐促進を通じて地域振興に役立てることができるのではないか、そして還元金の支給によって合併したメリットを新佐賀市全体で実感してもらえるのではないかと考えた。

　スケールメリットを生かし、より多くの還元金が森林所有者に行き渡るようにするためには、他の地方公共団体で見られる森林行政または環境行政の担当部門が試行的に細々と導入を始めるのではなく、集中的に公共調達を担う総務部門（佐賀市では総務部契約監理課）が主導して全部署一斉に導入する方が、より安い価格での調達が可能となり、効果的な行政運営が見込まれると判断した。

　一斉導入に際しての留意点は、効果的な調達政策とはいえ、予算上の制約があるため、導入前の調達価格と比べ格段に高い価格での調達は困難なことである。このため、「木になる紙」が一斉導入に相応しいコピー用紙であるか否かについて、市場調査を入念に行った。一消費者として購入する場合の

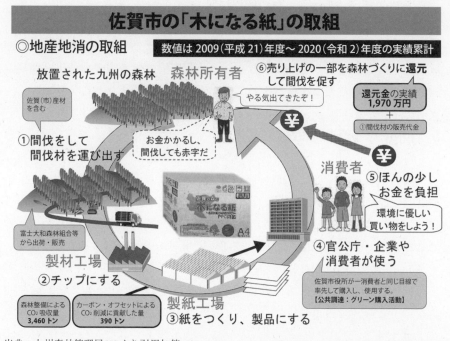

佐賀市の「木になる紙」の取組

◎地産地消の取組　　数値は2009（平成21）年度〜2020（令和2）年度の実績累計

放置された九州の森林　　森林所有者　　⑥売り上げの一部を森林づくりに還元して間伐を促す

佐賀（市）産材を含む

やる気出てきたぞ！

還元金の実績
1,970万円
＋
①間伐材の販売代金

①間伐をして
間伐材を運び出す

お金かかるし、
間伐しても赤字だ

消費者

⑤ほんの少し
お金を負担

富士大和森林組合等
から出荷・販売

環境に優しい
買い物をしよう！

製材工場
②チップにする

④官公庁・企業や
消費者が使う

佐賀市役所が一消費者と同じ目線で
率先して購入し、使用する。
【公共調達：グリーン購入活動】

森林整備による
CO₂吸収量
3,460トン

カーボン・オフセットによる
CO₂削減に貢献した量
390トン

製紙工場
③紙をつくり、製品にする

出典：九州森林管理局HPより引用加筆　https://www.rinya.maff.go.jp/kyusyu/kikaku/gainenzu.html

市場小売価格は、「還元金」のしくみの無い他の類似品と比べると、高い価格が提示されていた。しかし、佐賀市内の販売小売店のほか、紙卸市場を担う二次商社の段階まで遡って価格調査を拡大していくと、大量調達の場合は、競争入札を実施することによって、一般的な市場小売価格ほど高くはならないことが判明した。

　このような経緯を踏まえ、「木になる紙」の全部署一斉導入を決定し、コピー用紙全サイズ（A3・A4・B4・B5）の初めての競争入札を実施したところ、一般的なコピー用紙の価格をも下回る落札結果となった。

　こうして、集中的に公共調達を担う総務部門が旗振り役となり、佐賀市は「木になる紙」の調達を2009年度にスタートさせた。これを皮切りに、間伐材を有効活用した商品開発（当初はコピー用紙、その後印刷用紙や封筒など

に拡大）を行う「木になる紙」の供給元（官民協働の組織体「『国民が支える森林づくり運動』推進協議会」）に協力していくことになった。

この結果、生産・流通・消費の市場メカニズムの効果を一つの市域内で達成するシステムが成り立つこととなり、公共調達による需要の創出を間伐の進展につなげる新たな林業支援の実例を示すことができたと自負している。

5 「木になる紙」の取組の質強化

佐賀市が取組を開始してから4年後の2013年度からは、従来のコピー用紙や封筒の他に、市内全世帯に毎月2回配布する広報誌「市報さが」の印刷用紙にも「木になる紙」の活用を始めた。これにより調達数量が倍増したことにともない、後述する還元金支給額他の政策効果も同様に倍増することとなった。

さらに、翌2014年度には、森林行政担当部門の協力により、地元佐賀市産の間伐材を大量に製紙用に供給できる体制が整ったことから、佐賀市産間伐材のみを使用した「佐賀の森の木になる紙」の生産を始め、これを調達するよう切替えた。

これによって県内の他の地方公共団体でも同用紙を購入できる新たな流通市場が稼働し始め、佐賀市内（県内）で「紙の地産地消」の強化が図られることとなった。あわせて、佐賀県内での流通量が拡大したことにより、比較的安価な調達が可能となり、佐賀県を含む県内の他の地方公共団体でも同用紙の調達が進むなど、佐賀県内では「木になる紙」は売れる紙として認知度が高まり、現在に至っている。

そして、取組の価値をさらに高める観点から、炭素取引（J-クレジット）制度の活用を始めることとした。具体的には、佐賀市の2020年度分の「木になる紙」の調達実績に基づき、「木になる紙」の製品に付加されているクレジット（約25トン）を無償で取得し、佐賀市役所自らが排出するCO_2の総排出量からその分を差引く（オフセットする）ことで、CO_2の排出量削減に活用した。

6　「木になる紙」の各種政策効果

　佐賀市の「木になる紙」の調達政策は、市北部の林業経済を支援するとともに、適時適切な森林整備の推進によるCO_2の削減効果（環境保護）、そして間伐材の有効需要創出がもたらす雇用創出への寄与や環境教育・協働の推進などの総合的な地域振興策（行政運営）の展開につなげている。以下、その多面的な成果を紹介する。

(1)　数値化が可能な成果

　数値は取組開始（2009年度）から2020年度までの12年間の実績累計（推計値等）。

項目	内　容	成　果
森林保全	間伐推進により森林整備が進んだ面積	間伐材の供給量が増加したことにより、間伐が進んだ佐賀市の森林面積 **「約7,613千㎡」**(注1)
CO_2の吸収量	森林整備が進んだことによるCO_2の吸収量	間伐推進で森林整備の進展がもたらすCO_2の吸収量 **「約3,460トン」**(注2)
CO_2の削減量	カーボン・オフセット付商品の購入	調達行為のみで生み出された国内各地のCO_2削減に貢献した量 **「約390トン」**(注3)
還元金の支給	販売代金の一部（例：52円／A4一箱）を森林所有者へ支給	佐賀市の「還元金」の実績額 **「約1,970万円」**(注4)
炭素取引	カーボン・クレジットの取得（2021年度開始）・相殺	2020年度分の調達実績に基づく環境価値「25トン」を移転取得し、佐賀市のCO_2総排出量と相殺（オフセット）した。 ガソリン使用量換算で**「10,767リットル」**の削減に相当

（注1・注2・注3・注4）佐賀市の各実績値は、佐賀市の調達実績（数量）を基に「国民が支える森林づくり運動」推進協議会から提供された算出法により計算

(2) 数値化が難しい成果

項 目	内 容	成 果
雇用創出	若手林業従事者数の推移〈直接的な雇用創出効果とは限定できないが、間伐材の有効需要創出がもたらす一定の成果有りと分析している。〉	○2015年6月の佐賀市議会報告 25名程度有り○佐賀県内林業従事者中、39歳以下の若手就労者の割合(注5)2008年（「木になる紙」誕生前年）：24%2012年：32%2015年：36%と増加傾向にある。
環境教育（消費者教育）	啓発イベントの実施〈森林保全、環境保護、地産地消等の大切さを啓発〉	○一般市民向けの「紙ヒコーキ大会」の運営形態　当初……行政主導　後に……民間主導⇒社会的な認知度や共感が浸透⇒コロナ禍で中断後は行政主導で再開(2022年)
協働の推進	①官民協働②官内協働③官官協働④異業種連携	取組が拡大するに従い、協働の推進が図られた。①官民の協議会組織活動で「木になる紙」が誕生②佐賀市の調達行政部門と森林行政部門の協働により「佐賀の森の木になる紙」が誕生③佐賀市、佐賀県、県内外の各地方公共団体及び国の機関等との協調調達による全国的な活動へ展開中④他県（滋賀県・福岡県）の取組では配送や製造過程で福祉事業所等を活用するなど異業種連携有り

（注5）佐賀県（2017）『佐賀県森林・林業統計要覧』より筆者作成

7 「木になる紙」の全国展開の状況

　九州で誕生した「木になる紙」の全庁調達を継続している佐賀市は、事実上のモデル都市として、他府県での取組開始に好影響を及ぼしている。

　現在、取組の規模に違いはあるものの、全国の都道府県の半数超の地域で「木になる紙」の調達が行われるまでに普及拡大している。中でも、滋賀県・愛媛県・福岡県・大阪府などでは、「佐賀の森の木になる紙」と同様に各府県の地産地消型の地域ブランド商品が相次いで誕生している。

　また、2009年度の「木になる紙」誕生から現在までの還元金の全国累計額は約2億円となり、その約1割を佐賀市が占めている。

出典：一般社団法人木になる紙ネットワークHPから引用
　　　https://www.kininarukami-network.jp/results/　　　https://www.youtube.com/watch?v=Zm5ZurS--Oo

8　今後の展望

　現在、世界レベルでの「SDGsの目標達成」や「脱炭素社会の実現」に加え、国内においては環境省が提唱する「地域循環共生圏の構築」など、2050年カーボンニュートラルの実現が叫ばれている。

　佐賀市ではそれ以前から「木になる紙」の取組を地域振興策のツールの一つに位置づけ、これまで積極的な実践に取り組んできた。

　佐賀市では、今後も「木になる紙」の公共調達を確実に継続していくことによって、地元佐賀産の間伐材の地産地消を通じた地域振興や脱炭素の取組などを充実させ、8市町村合併のメリットを全市民で共有・共感できる地域内経済循環のモデル都市を目指していきたいと考えている。

札幌市のSDGs推進における 若者のエンパワーメント

札幌市 環境局環境都市推進部 環境政策担当係長　佐竹 輝洋

1　札幌市の概要

　札幌市は、北海道・石狩平野の南西部に位置し、1922年8月1日の市制施行以来、近隣町村との度重なる合併・編入によって、市域を拡大してきた。面積は1,121.26k㎡で人口は約197万人と、市町村では、横浜、大阪、名古屋に次いで4番目の人口規模となっている。

　札幌市の気候は日本海型気候で、夏はさわやか、冬は積雪寒冷を特徴としており、四季の移り変わりが鮮明である。冬季間の降雪量は約5mにも達するが、これだけの雪が降る大都市は世界でも類を見ず、「さっぽろ雪まつり」など、雪を活用した大規模なイベントが開催され、多くの観光客が訪れる国内でも有数の観光都市となっている。

さっぽろ雪まつりの様子と市内中心部にある大通公園

2　札幌市におけるSDGs推進の経緯

　札幌市では、2018年3月に策定した「第2次札幌市環境基本計画」において、SDGsの推進を位置づけ、SDGs達成に向けた取組を進めるとともに、同時期に公募が行われた政府の「SDGs未来都市」の初回選定29自治体の一つとして選ばれ、全国に先駆けて取組を進めている。

　このSDGs未来都市への選定によって策定した「札幌市SDGs未来都市計画」では、札幌の将来像を「次世代の子どもたちが笑顔で暮らせる持続可能な都市『環境首都・SAPP_RO』」と定め、SDGs未来都市として2030年に向け、「環境」の取組の推進を"起点"とした、「経済」や「社会」への波及を目指すとともに、

図1　SDGs未来都市としての取組の全体像

「北海道」という地域を活用した取組を進め、「寒冷地における環境都市」の世界モデルの構築を目指している。

この「環境」分野を"起点"としたSDGs達成に向けた取組を進める背景には、札幌市におけるこれまでの環境問題の変遷がある。

札幌市は1922年の市制施行当時、約10万人だった人口がこの100年で約20倍にも増加してきた一方、1960年代から80年代にかけて、工場からの廃水や排ガス、石炭暖房による煤塵、スパイクタイヤが路面を削ることによる車粉など、河川の水質汚染や大気汚染等の問題が発生していた。

それらの問題に対し、規制や市民運動、1972年に開催された冬季オリンピックを契機とした地域熱供給の導入による煤塵対策などによって課題を乗り越え、1995年には、「札幌市に集うすべての人々の参加により、良好な環境を確保するとともに、地球環境の保全に貢献していく」ことを目指し、「札幌市環境基本条例」を定めている。

その後、2008年には世界に誇れる環境都市を目指し、「環境首都・札幌」を宣言し、市民や事業者が一丸となって地球環境問題に取り組んでいく意思を示し、率先して取組を推進するなど、古くから環境問題に対して率先して取り組んできた経緯がある。

3　若者のエンパワーメントに取り組む背景

札幌市では、後述する企業と若者（ユース）によるSDGs協働ワークショップの開催など、若者のエンパワーメントに対する取組を進めているが、その背景として、北海道において全国より早く進んでいる人口減少・少子高齢化に対する課題がある。

札幌市はこれまで、人口が常に増加し続けてきた街であるが、2020年をピークに2年連続で人口減少が続いており、今後の人口推計においても、総人口は減少していく予測であり、2060年には現状から約38万人減の158.9万人にまで減少が続くと推計している。

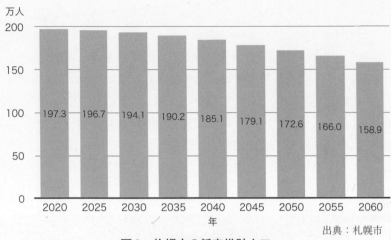

図2　札幌市の将来推計人口

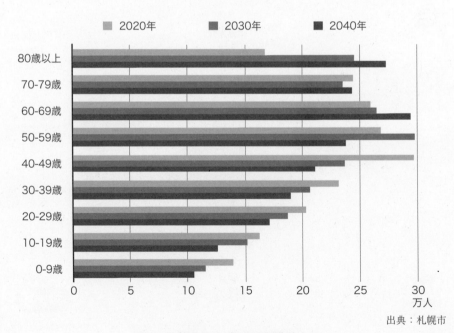

図3　札幌市の年代別将来推計人口

また、年代別の人口推計についても、2040年時点では、10代から20代の人口が約33.9万人に対し、50代から60代の人口は約53.2万人と推計され、約36%の差が出るほど若者の割合が減ることが予想されている。

　このような中、現代の社会では、企業の役員・管理職や政治家などをはじめとした、社会を動かす決定権を握っている人の多くが男性であり、女性に比べて男性が生活しやすい（もしくは資金を得やすい）構造となっている。

　加えて、年功序列的価値観が根強く残ることから、特に高齢の男性が権力を握りやすい現状にある。特に北海道では、上智大学の調査における都道府

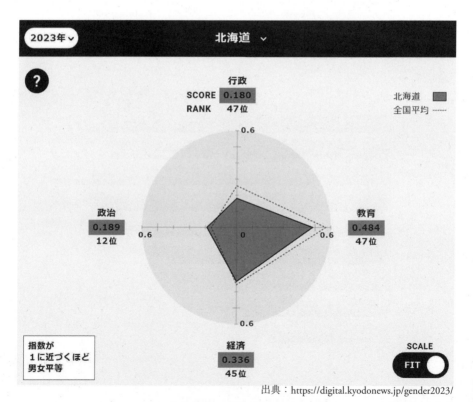

出典：https://digital.kyodonews.jp/gender2023/

図4　北海道のジェンダー・ギャップ指数

県別のジェンダー・ギャップにおいて、4項目中2項目が全国最下位となる
など、男女の格差も大きい。

　本当に持続可能な社会を築くためには、女性や若者、障がい者やLGBTQ
などのマイノリティの声を聞き、マジョリティとマイノリティの格差をなく
すことで、SDGsが目指す「誰も取り残さない社会」を作っていくことが必
要である。

4　企業×ユースによるSDGs協働ワークショップ「SDコン」

　そのような中、札幌市では、若者や女性も含めた市民や事業者など、すべ
ての主体が一緒になって気候変動やSDGsについて対話を通じて考え、行動
していくための連続ワークショップを2019年から開始している。

　「札幌市みんなの気候変動ゼミ・ワークショップ」として開始したこの
プログラムは、新型コロナウィルス感染症の拡大によって、2020年度から
2021年度にかけては主にオンラインでの開催となったが、高校生や大学生
などの若者から企業に属する社会人までが、対話を通じて気候変動やSDGs
について自らの意見やアイディアを共有し、アクションを起こす機会を作っ
ている（2022年度は「企画実践プログラム『気候変動・SDGsアクション
Labo』」として開催）。

　そのプログラムの中で、若者と企業とが対話を行い、行動を起こす場が作
れないか、というアイディアによって生まれた企画が「企業×ユースによる
SDGs協働ワークショップ『SDコン』」（以下、「SDコン」という。）である。

　本企画は、高校生や大学生などの若者が、普段の生活では接する機会のな
い、企業や団体でSDGsを推進している担当者が抱えている悩みや課題を学
び、対話を通じてともにできることを考えていくプログラムで、2021年度
からオンラインで開催している。

　プログラムは高校生や大学生も参加できるよう、平日夕方の開催、2日間
で1セットとし、各セット2社・団体が参加した。初日は主に相互理解の場

表1　これまでの「SDコン」参加企業・団体

〈2021年度〉	〈2022年度〉
■石屋製菓㈱ ■㈱アレフ ■エア・ウォーター北海道㈱ ■㈱テックサプライ／NPO法人SDGs村・北海道 ■北海道コカ・コーラボトリング㈱ ■ナチュラルスクールランチアクションさっぽろ 　（NSLAさっぽろ） ■北海道テレビ放送㈱（HTB） ■ラッシュジャパン合同会社（LUSH）	■大日本印刷㈱ ■パタゴニア札幌 ■（有）青山商店 ■嬉楽㈱ ■損害保険ジャパン㈱ ■北海道電力㈱ ■㈱北洋銀行 ■北海道ガス㈱

出典：https://www.city.sapporo.jp/kankyo/sdgs/workshop/sdcon/

として、企業や団体が現在取り組んでいることやSDGsに対する自らの考えなどを共有し、2日目は「ともに何ができるか」について、対話を通じて考える場を作り、そこで出たアイディア等で実現可能なものは札幌市協力のもと、若者が主体となって実施していった。

　プログラムの実施にあたっては、参加する若者と企業の担当者では立場や年齢が異なることから、若者と企業の担当者双方が心理的安全性を確保しながら対等な立場で対話ができるよう、メインファシリテーター（任意団体snug代表 長谷川友子氏）が対話のルールや、日常の中で起きる無意識の偏見（アンコンシャス・バイアス）が対話に及ぼす影響などについて説明を行った上で進行を行った。

　本プログラムの開催によって実現した若者の企画のうち、2点を紹介したい。

　1点目は、エア・ウォーター北海道㈱が参加した回において、同社が取り組んでいる水素エネルギーや燃料電池自動車の話を聞いた市内の高校生が、「水素についてはテレビ等で話には聞いたことがあるが、実際に見たことがないので、体験する機会がほしい」と提案した。その高校生が主体となって、同社やトヨタ自動車系列販売店に協力依頼を行い、2022年1月に燃料電池自動車「MIRAI」の試乗会が開催され、約20名の中高生や一般の方が参加す

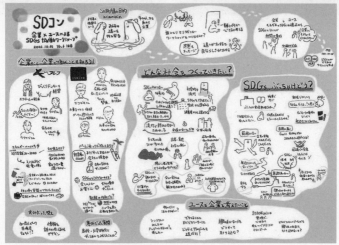

任意団体snugについては「https://www.snug-unit.com/」を参照

図5　「SDコン」開催の様子（左上がメインファシリテーターの長谷川 友子氏）

るとともに、その様子は北海道内のテレビニュースでも取り上げられた。

　2点目は、2021年度のプログラムにオンラインで参加していた横浜市内の高校生が、横浜でも「SDコン」を開催したい、と札幌市に協力を依頼した。その高校生が実行委員長となって実行委員会を設置し、横浜市内に拠点を持つ大東建託㈱と太陽油脂㈱の参加協力を得て、2022年7月に「横浜版SDコン」をオンラインで開催した。

　どちらの事例も「SDコン」をきっかけとして高校生が自ら主体となって行動することで、札幌市や企業などの大人の協力を得ながら実現したもので

図6　MIRAI試乗会の様子と「横浜版SDコン」周知ホームページ

ある。

　しかし、この若者たちは何か特別な活動歴を持っていたわけではない。「SDコン」という企画の対話を通じてエンパワメントされた結果、「やりたいことを伝えてみた」のである。それが実現したのは、心理的安全で立場を超えて対話できる場において、若者の声やアイデアと、それを実現するための企業や自治体の力があったからこそである。

　多くの大人は、普段接することが少ない若者世代の声や意見を、自らのアンコンシャス・バイアスを通して理解してしまうことが少なくない。実際、「SDGsについて考える若者の意見は、意識が高く理想的であるので実現不

可能だ」「社会人経験のない者の意見は未熟である」などと思い、若者の提案を提案のままで留めてしまいがちである。マジョリティやマイノリティの格差をなくし、持続可能な社会を築いていくためには、立場を超えた対話の場が必要不可欠である。さらに、若者の声やアイデアを真摯に聴き、自らの特権性を自覚しながら若者と一緒に行動できる大人の存在が、今の社会には必要であると考える。

5　ユースのためのリーダーシップ研修

前述した企業×ユースによるSDGs協働ワークショップ「SDコン」のレベルアップ企画として、SDコンで主体性を得たユースがさらに行動を起こしやすくするための次世代リーダーシップ研修を2023年3月に市内会場にて全3回の日程で開催した。

この研修のテーマは、SDコンを通して企画を立てることを視野に入れたユースに向けた企画書の作り方（第1回）、協働のために必要不可欠である対話の場づくりのためのファシリテーション（第2回）、行った対話を可視化し場に影響力を与えながら記録を行う技術であるグラフィックレコーディング（第3回）とした。

「SDコン」と同様、ユース世代の対話の場づくりを専門としている任意団体snugが研修コーディネートと講師を務め、ユースの主体性と公正な対話の場をさらに促進するものとなるよう、方法論だけではなくそれぞれのテーマの原理を学ぶことに重きを置くプログラムを行った。参加者からは「やってみて具体的に自分のやりたいことが浮かんできてわくわくしている」「自分でも対話の場をファシリテーションしてみたい」「グラフィックは不公平を可視化できる」などといった声が上がった。

社会課題や地域課題を解決する際に対話は不可欠である。将来を担う世代にも関わらず、大人からのアンコンシャス・バイアスや現状の社会構造により抑圧されているユースが対話の場づくりのリーダーシップを学ぶことは、

周囲や社会に対し変化を起こすための行動として、既存の対話や意思決定の方法を問い直すきっかけとなるものと考える。

6　SDGs教育旅行＠札幌

　札幌市では、市外の中学生や高校生等に対し、教育面から札幌市内で実施されているSDGs達成に向けた取組について学ぶことができるプログラムの紹介も行っている。

　2022年には、札幌市内でSDGsを学べる体験プログラムを造成し、その紹介パンフレット「SDGs教育旅行＠札幌」を公開した。本パンフレットでは、市内の企業や団体が提供する全22本のSDGsを学べるプログラムを掲載しており、掲載ホームページでは旅行会社や学校関係者に向けたパンフレット紹介用データや、ワークシートの公開も行っている。

　2020年の学習指導要領の改訂において、高等学校における「総合的な学習の時間」が「総合的な探究の時間」に変更され、学校教育においても、生徒たちが自ら問いを見いだし、探究することのできる力の育成が求められるようになった。

　そのような中、修学旅行などの教育旅行においても、これまでのように「訪れた地域の生活を体験する」という学びから、「訪れた地域の課題を学び、その解決策を探る」といった探究型のプログラムに変わってきている。教育旅行向けに、これまで行政のみならず、企業や市民団体等が率先して取り組んできた持続可能なまちづくりに向けた対策を学べるプログラムを提供することは、市内のみならず国内外においても意義あることであるとともに、札幌市内への旅行者への誘致という観点でも、経済効果をもたらすものとなっている。

　全国の高校において、修学旅行に関するプログラムは概ね2年程度をかけて訪問先や実施プログラムを検討することから、本書執筆時点では北海道内外からの問い合わせ程度に留まっているが、今後、このようなプログラムの

成果が出ていくことを期待している。

出典：https://www.city.sapporo.jp/keizai/kanko/kyouikuryoko/sdgs.html

図7　「SDGs教育旅行＠札幌」パンフレットとワークシート

7　G7札幌 気候・エネルギー・環境大臣会合における 「若者とのサステナブル共創プロジェクト」

　札幌市では2023年4月、広島で開催されたG7サミットの関係閣僚会合の一つとして、「G7札幌 気候・エネルギー・環境大臣会合」が開催された。

　本会合は、気候変動やエネルギー問題、環境問題など、世界的にも喫緊の課題に対する関係閣僚会合として、国内でも数都市に渡って誘致活動が行われた中、札幌が開催都市として選定されたものであり、札幌市における環境対策や持続可能性に対する取組が一定程度評価され、開催に至ったものと捉えており、札幌市におけるSDGs達成に向けた取組の一つの成果とも言える。

　本会合の開催を記念して札幌ドームで開催された「環境広場ほっかいどう2023」では、札幌市協力のもと、「若者とのサステナブル共創プロジェクト」の発信も行われた。

　本プロジェクトは、気候変動対策に向けてサステナブルな社会を構築するためのプラットフォームを形成する一般社団法人SWiTCHが主催した。G7札幌会合を契機に若者からの提言を国や自治体、企業等に向けて発信するため、2023年3月から4月にかけて環境問題に関する専門家を招いた検討会を

図8　「環境広場ほっかいどう2023」での「若者とのサステナブル共創プロジェクト」の発信

開催し、その成果を「環境広場ほっかいどう2023」において、環境副大臣や北海道知事、札幌市長とともに発信した。

　本プロジェクトについては、現在、若者から提案されたアクションの実現に向けて検討が続いているが、このような取組を通じて、高校生や大学生等の若者の発信が社会へ広がることを望む。

8　終わりに

　本稿のとおり、札幌市では、SDGs達成に向けた取組を全国でも先駆けて行っている。その一方、現代社会における複雑性や多様性を踏まえた、SDGsが目指す環境問題、社会問題、経済問題のすべての課題を解決するための方策については、常に模索しながら政策を検討している状況である。

　筆者個人としての視点ではあるが、その解決の切り口の一つは「若者」と「企業・自治体」であると考えている。

　前述のとおり、人口減少と少子高齢化はもう止めることはできない。その上で我々現役世代が今後を見据えてできることは、我々よりも少ない人数で社会を支えようとする若い世代（のみならず、マイノリティたち）に対し、いかに権力と資金を分配し、誰一人取り残さない社会を作るための足がかりを作っていくことではなかろうか。

　また、企業や自治体においても、これからの時代は減りゆく若者の中から優秀な人材を確保するための企業・自治体間競争が深刻化してくるものと考えている。SDGsに関しては小学校教育の中でも取り入れられている中、若者たちはすでにサステナビリティに関する視点を持って将来の就職先を検討している。

　そのような若者たちをこの先、自分の企業や自治体に取り込みたいと考えるのであれば、まずは自身が持続可能な経営や地域づくりを今から行う必要があるとともに、筆者自身としても、札幌市が持続可能なまちとして多くの若者たちを迎えられるように、様々な主体とともにSDGs達成に向けて取り組んでいきたい。

第3章　市民・企業のSDGs達成活動

市民コミュニティ財団の取組

——東近江三方よし基金の事例から

公益財団法人東近江三方よし基金 常務理事兼事務局長　山口　美知子

1　設立の経緯

　東近江市におけるコミュニティファンドの必要性は、過去何度か議論され、いくつかの行政計画に記述されている。2017年に策定された第2次東近江市環境基本計画では、自然資本・人的資本・人工資本・社会関係資本という地域資源をつなぐしくみとして「東近江三方よし基金」が明記されている。このように、行政施策でその必要性が示されたものでありながら、公益財団法人東近江三方よし基金（以下、当基金という。）の基本財産が市民からの寄附で調達されたことはコミュニティファンドの重要な特徴である。全国コミュニティ財団協会では、『地域を単位とする組織としての「地域性」と特定の企業や個人、行政機関などが設立（企業財団やプライベート財団、外郭組織）したものではない、市民立の組織であること』を大切にすることを表明している。

　第2次環境基本計画の検討と並行して、市民・行政・金融機関・有識者等でコミュニティファンド検討会が開かれ、地域の資金循環について議論が始まった。その後、設立準備会において基本財産となる300万円の寄付募集が実施され772名の寄付が集まり、一般財団法人の設立を経て、2018年度公益財団法人東近江三方よし基金が誕生した。

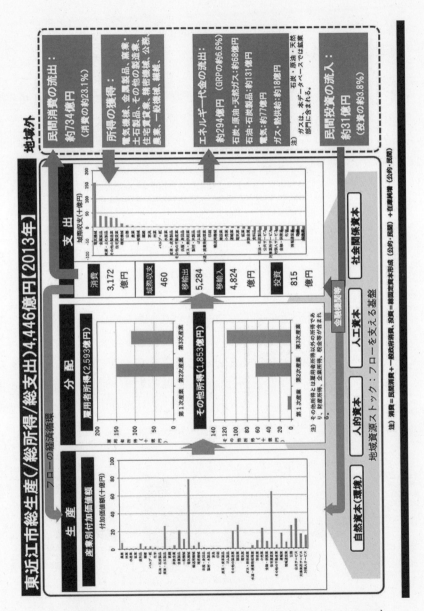

図1　地域経済分析（http://www.env.go.jp/policy/circulation/）

2　東近江三方よし基金の役割

　環境省が提供している地域経済循環分析のツールを活用し、東近江市の資金の流れを調べたところ、2013年度の付加価値総生産額は4,446億円、そのうち市外で消費される金額が約734億円、エネルギー代金として市外へ支払われる金額が約294億円であり、毎年市外へ流出している金額が約1,000億円を超えることがわかった（図1）。また、相続や地域金融機関の預貸率の低下なども地域経済にとってマイナスの要素となっている可能性が示された。

　そこで当基金では、①外貨を獲得する、②流出する資金を減らす、③地域内の資金を循環する、という3つの役割を地域で担うことをミッションと考えている（図2）。1つ目は、寄附や投資、休眠預金などの民間資金に加え、国や県の公的資金も含めて市外から市内に資金を取り込む機能である。2つ目は、前述のような市域からの資金の流出を減らすため、それに貢献する取組を支援することである。3つ目は、市内に存在する資金がどこかにとどまることなく、市内で使われ続けるしくみの構築である。それらを実現するため、当基金では寄附を活用した助成金のしくみづくり、地域金融機関と連携した融資制度の検討、社会的投資の推進などに取り組むとともに、厚生労働省、国交省、環境省などの実証事業に取り組んできた。

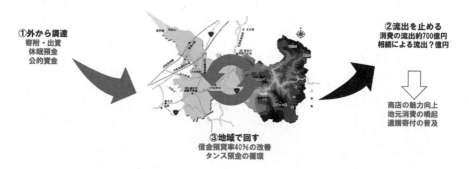

図2　資金循環に係る東近江三方よし基金の役割

3　東近江三方よし基金のしくみ

（1）寄付を活用した助成金事業

　全国に存在するコミュニティ財団の重要な役割の一つとして、寄付を活用した助成事業がある。当基金が個人、団体、企業からの寄付で実施した助成事業は以下のとおりである。

ア　自然環境を生かした新・近江商人応援事業（2018年）

　　　地域の自然とのつながりや人同士のつながりが生まれ、地域の人材や資金が地域の中で活発に生かされる社会の実現を目指して社会的に意義のある事業に助成するもの。本助成事業の考え方が、その後の当基金の助成活動のベースとなった。

イ　東近江の森と人をつなぐ あかね基金助成事業（2019年〜）

　　　2017年に東近江市で開催された「ローカルサミットin東近江」の分科会において、森林・林業分野における補助金以外の資金調達の必要性が提案された。その翌年、森と人をつなぐ活動支援を条件に寄付の申し出があり生まれた助成事業である。現在でも毎年実施されている。

ウ　子ども・若者への緊急サポート（2019年〜2020年）

　　　新型コロナウィルス感染拡大により、学校の休校など子どもたちの置かれる環境が一変した。そんな子ども・若者に対する支援活動を行う団体に支援した。助成事業の募集と寄付募集を同時に行った初めての事例であった。

エ　KBMありがとうカンパニー基金助成事業（2020年〜2022年）

　　　東近江市内に本社のある小林事務機株式会社設立50周年を記念して創設された「KBMありがとうカンパニー基金」を活用して実施した助成事業である。当基金初の冠基金（寄付者である企業名等を冠に命名される基金）である。同社はガリ版印刷にゆかりのある

会社であり、それらの普及啓発活動に対する支援を行った。

（2）湖東信用金庫との連携制度融資「ビーナス」

　当基金の設立時からご協力いただいている金融機関に、東近江市に本店を置く湖東信用金庫がある。信用金庫とは、事業エリアを限定されている地域の事業者のための金融機関として設立された金融機関であるが、近年はその預貸率（預金と貸し出しの割合）の低下が課題となっている。そのような問題意識から、大きな収益は期待できなくても、地域にとっては大切な取組に積極的に融資をしていただきたいとの趣旨で、関係者で議論を重ねた結果生まれたのが連携制度融資「ビーナス」である。

　融資を希望する事業者は、まず当基金に公益性評価申請を行う。基金が設置する第三者委員会において公益性評価が行われ、その評価報告書と一緒に湖東信用金庫に融資申し込みをするという流れである。湖東信用金庫の融資審査を通り、融資を受けた事業者には、当基金が一部利子補給を行っている。ここで重要なのが公益性評価であり、その評価基準の中には「環境への貢献」「地域経済への貢献」「社会課題への貢献」が含まれているのが特徴である。この制度は、2021年から始まり、現在の総融資高は2,500万円となっている。

（3）休眠預金活用事業

　「民間公益活動を促進するための休眠預金等に係る資金の活用に関する法律」（休眠預金等活用法）に基づき、2009年1月1日以降の取引から10年以上、その後の取引のない預金等（休眠預金等）を社会課題の解決や民間公益活動の促進のために活用する制度が2019年度から始まった。預金保険機構に一旦集められた休眠預金等は、内閣府が指定する指定活用団体に交付され、市民活動団体に資金を分配する役割を担う資金分配団体が公募され、採択されればその活用がスタートされる。

　当基金では、2020年から資金分配団体としてこの制度を活用し、市内で活動する団体の支援を行っている。これまで休眠預金等を活用して当基金で

採択した事業は、20事業、総額約2億円に上る。民間資金として、これだけの資金が地域に投じられるしくみとしては画期的ではあるが、指定活用団体、資金分配団体、実行団体という3層構造の中で、資金分配団体の存在は大変重要であり、当基金がその役割を担うことができたことがこのしくみを利用できた大きな理由の一つである。

(4) 東近江市版SIB

　当基金を全国に知らしめるきっかけとなったのが東近江市版SIBというしくみである。SIB（ソーシャルインパクトボンド）は、イギリスで始まり、日本でも少しずつ導入が進んでいる。ここでは東近江市版SIBの特徴を述べる。
　当基金の設立と同時にスタートしたこのしくみは、行政の補助金改革と地

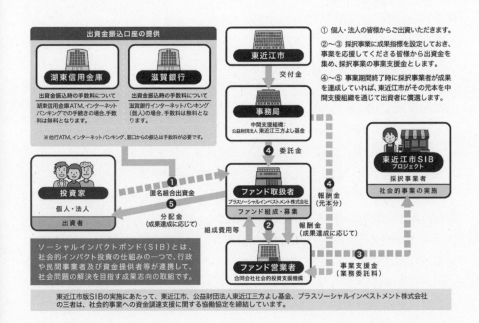

図3　東近江市版SIBのしくみ（プラスソーシャルインベストメント株式会社提供）

域における社会的投資の普及を目的として始まった。従来の行政が行う補助金事務では、補助金の交付決定後事業が実施され、実績報告書が提出され、具体的なお金の使い方（支出項目や証拠書類の日付など）を行政がチェックした後に補助金が支払われるという流れが一般的である。それに比べて、東近江市版SIB事業では、補助金採択団体が決定した時点で、年度末に到達すべき成果目標を専門家や行政、事業者が出席する場で決定してから事業が開始される。また、成果目標が設定できた段階で、その達成を条件に償還される出資（コミュニティファンド）の募集が行われ、集まり次第採択団体へ支払われる。市民からの出資で得られた資金により事業が実施される過程では、出資者が採択団体と交流する場も設けられ、事業の成功や成果目標の達成に向けて一丸となって応援することとなる。なぜなら、成果目標が達成されなければ、行政が予算化している補助金が中間支援組織に交付金として支払われることは無く、出資者の手元に原資を含めて償還されることがないというしくみであるとともに、資金提供するという意思決定をした市民は、採択団体の取組は地域に必要であると共感した内容であり、心から成功を祈るものであるからだ。この点で、東近江市版SIBは、海外の事例とも一般的な補助金とも異質なしくみとして東近江市に定着してきた。

東近江市版SIBのしくみにおいて当基金は、中間支援組織として全体のコーディネート、成果目標の設定と評価に関する業務を担う（前頁図3）。出資の募集は、社会的投資に特化し、第二種金融商品取引業の登録を持つプラスソーシャルインベストメント株式会社が担う。これらの役割をそれぞれが認識し、協働によりこのしくみを実現するため、東近江市と当基金、プラスソーシャルインベストメント株式会社の三者は「社会的事業への資金調達支援に関する協働協定書」を締結している。つまり、公と目的が共有され、様々な活動の資金調達にこのしくみを利用することで、少なくともこのしくみに関わる関係者がその活動の意図を理解し、成果目標を共有する。出資者に限らず、これらの関係者がその活動の成功を祈るパートナーになるのである。その意味でも、このしくみの意義は大きい。

4　支援先の事例

　これまで紹介した当基金の支援メニューを活用した事例のうち3つを以下に紹介する。

(1)「ガリ版コレクションアーカイブプロジェクト」新ガリ版ネットワーク

　冠基金を設置した企業は、孔版印刷の原理を使った事務機の販売にも関わっており、ガリ版印刷の文化継承やガリ版印刷等孔版技術の普及活動などを支援することとなった。このKBMありがとうカンパニー基金助成事業で支援したのが新ガリ版ネットワークである。東近江市は、ガリ版を発明した堀井新次郎の出身地であり、エジソンからの手紙が近年発見されたことでも有名である。団体では、団体に寄せられた全国からの膨大な資料を整理し公開に向けた準備を進めるほか、市内だけでなく全国の子どもたちに向け孔版印刷に触れる機会を提供した。

(2)「スーパー再建による持続可能な地域課題の解決」愛のまち合同会社

　東近江市の愛東地区において、唯一のスーパーが経営者の高齢化により閉店したことを受けて、地元有志らが集まり設立されたのがこの合同会社である。再建された店舗は、スーパーとしての機能だけでなく、地域住民が交流できる企画やスペースの提供や移動困難な方々のために移動販売も行っている。このスーパーの

有志が集まり再建された店舗

再建には、地元住民からの寄付も多く集まっており、収益を第一目的としない店舗経営の実現を目指して活動されている。

(3) 「簡易魚道の見試しで大人の川ガギづくり」 愛知川漁業協同組合

簡易魚道設置の取組を支援

東近江市を流れる愛知川（えちがわ）という河川で琵琶湖の固有種ビワマスの産卵場所を広げるため、簡易魚道を設置するという取組を支援した。この支援は、環境省の地域循環共生圏事業の一環で実現したもので、東近江市版SIBのしくみを応用した。この活動を対象として、出資を募集したところ、多くの企業・団体から関心が寄せられた。それには、出資の募集というこれまでなかった情報発信と本事業に関わった様々な関係者からの発信が大きく影響していると考えられる。

　また、この事業の成果評価には、生態学の専門家、河川工学の専門家、心理学の専門家らが参加し、「地域の取組が広がる意義」について現場で真摯に向き合い、その評価に取り組んだ。その詳細は、プラスソーシャルインベストメント株式会社が運営する募集サイト「エントライ」（https://www.en-try.jp/）で確認頂きたい。

5　今後の課題と可能性

　最後に、東近江三方よし基金のような市域のコミュニティファンドが他地域に展開する可能性について触れておきたい。富山県南砺市の公益財団法人南砺幸せ未来基金や島根県雲南市の一般財団法人うんなんコミュニティ財団は当基金と同じ市域を活動エリアとするコミュニティ財団である。長い日本の歴史をさかのぼると、自然災害や疫病という未曽有の危機を乗り越えるため、全国に生まれたのが「講」という資金融通のしくみであり、それらが現

在の金融機関や保険制度に発展してきた。今私たちは、再び人口減少や気候変動、そして新型コロナウィルスに代表される感染症という未曽有の課題に直面している。それらを乗り越えるためには、地域の課題を我が事としてとらえ、自らが解決の一端を担う覚悟を持った市民の存在とそれを支えるお金のしくみが自治の文脈の中で必要であると考えるようになっても不思議ではない。しかし、そのチャレンジには関係者が連携し、現場の課題を我が事として共感し協働することが必要である。それらは、顔の見える信頼関係の上に醸成されるものであり、新たな金融のしくみづくりにつながる小さなチャレンジが各地で積み重ねられていくことを期待する。

東急不動産が北海道松前町と進める
再生可能エネルギーを活用した地域活性化戦略

東急不動産株式会社

1 リエネ松前風力発電所

　北海道松前町は北海道最南端に位置しており、日本最北端の100名城「松前城」を有し、アイヌとの交流を行うなど古くから城下町として栄えていた。年間平均気温が北海道内で最も高く、積雪量、寒暖差も比較的少なく、温暖な気候に恵まれる一方、江戸時代にはニシンや松前漬けなどを運ぶ「北前船」の発着点となるなど、冬季には北西からの強い風が吹く「風の町」でもある。

　環境省が公表している「再生可能エネルギー情報提供システム（REPOS）」の風の強さの測定値からも、風力導入ポテンシャルが非常に高いエリアだ、ということが客観的にも判断できる。こうした日本有数の優れた風況が注目を集め、松前町内には大小合わせて80基以上風力発電用の風車が立ち並んでいる。

　当社は、松前町内に風力発電所建設の事業権利を獲得する権利に恵まれた。その後、2017年6月にリエネ松前風力発電所の建設を開始し、2019年4月に一般家庭約2万4000世帯分の年間消費電力[1]を供給する、北海道電力の「風力発電設備の出力変動緩和対策に関する技術要件」を満たす北海道で初の蓄電池併設型風力発電所として運転を開始した。

　リエネ松前風力発電所は、全長約150メートル、1つの大きさが新幹線2両分となる約50メートルの羽が3枚取り付けられた風力発電機が松前町の海

---

1)　運転開始当時、1世帯あたり3,530kWh/年で算出

リエネ松前風力発電所

リエネ松前風力発電所に併設する蓄電池

沿いに12基並んでいる。風車の定格出力は1基あたり3.4MW、12機合計で40.8MWにも及ぶ、大容量の風力発電所となっている。リエネ松前風力発電所には電気を貯められる約130MWhの蓄電池（NAS電池）も併設しており、発電した電力は一旦蓄電池に集められ、電圧などを安定化した後に、北海道電力へとつながる送電網で送られる。

2　地域のエネルギーを支える連携

(1) 地域マイクログリッドの構築

　風力発電所の建設をきっかけに松前町とは大きく2つの協力関係構築を進めている。1つ目は「地域マイクログリッド」の構築。2018年9月の北海道胆振東部地震で被災した北海道では全道で電気が止まる「ブラックアウト」（系統全域停電）を経験した。松前町も長時間停電を経験し、住民は不便な生活を強いられ、停電で松前町の社会インフラ運営にも大きな影響を与えた。この経験から松前町より災害時でも停電しない自立した電力供給の確立についてご相談を受けており、当社と松前町は北海道電力と北海道電力ネットワークの協力を得て、再生可能エネルギー発電所の導入による「地域マイクログリッド」構築の検討を進めてきた。このしくみは災害時、電力系統を切り替えて、既存の配電網を活用し、当社の風力発電所で発電した電気を松前

町内の中心部一部エリアに流すことで、災害時に司令塔の機能を担う町役場などの公共施設と周辺、一部世帯の電力を賄うことができる。先進的インフラ整備の取組であると同時に、当社の総合デベロッパーとして培ってきたまちづくりのノウハウを生かした、官民連携による松前町の活性化を図る取組の一つと自負している。昨年度マイクログリッドの構築が完了し、今年度中を目途に試験運転を行い、関係者との連携のもとで着実な稼働体制を整理する予定である。

(2) 地域活性化・脱炭素化の支援

　もう一点は風力発電事業を生かした松前町との地域活性化の取組だ。今後10年先のまちの在り方を考慮し、松前町とは、2019年12月に再生可能エネルギーによる地域活性化に関する協定書締結を皮切りに4つの協定を締結した。これらを土台に、松前町の地域活性化・脱炭素化に向けた取組と、同町の10年後を見据えたまちづくり計画の策定と実践に共に取り組んでいる。

　協定に基づく連携事項としては
①災害時に風力発電所の電気を使用できるしくみづくり
②町の定着人口と観光客を増加させるための観光資源や産業の育成への取組
③地域資源を活用した活性化促進と町の魅力発信
④地方創生と地方再生に資する社会基盤整備の協力
などを盛り込んだ。

　このうち①は前述の「地域マイクログリッド」の構築。松前町側の「目の前で電気をつくっているのに、なぜ非常時に電気が使えないのだろうか」という疑問が、構想の実現に大きな後押しとなった。北海道胆振東部地震によるブラックアウトで松前町内の電力が全面復旧するまで約2日を要したほか、台風の襲来などでも松前町内全体が数日停電したこともあった。基地局のバッテリー切れで携帯電話も通じない中、いつ来るか分からない移動電源車を待つつらさを町民は味わってきたという。

　この不安解消のために、当社はリエネ松前風力発電所での社会貢献として

地域マイクログリッド

図1　「地域マイクログリッド」のイメージ図

何ができるかを検討し、この計画推進を進めている。2022年の「グッドライフアワード」ではこの「松前町（北海道）との連携と地域マイクログリッド構築でともに歩むまちづくり」が10周年特別賞の「環境まちづくり賞」を受賞した。

　②〜④は過疎化や産業空洞化に悩む松前町の活性化について、当社の持つ経験を生かしつつ、共に検討を進めていこうという趣旨の協力関係である。松前町と当社とは2022年3月「まちづくり計画策定に関する協定」を締結した。「再エネを活用した10年後のまちづくり計画」、「職員数の減少に対応した町役場DX推進」など4つのテーマを中心に、松前町の将来をにらんだ協議を進めている。

■官民連携による「まちづくり計画策定」の概要

〇協定書締結の目的

　人口減少という差し迫った課題に対して高い実現性を持つ解決策が求めら

れるため、東急不動産が持つ再生可能エネルギー事業、まちづくりのノウハウを生かした官民連携手法で計画の策定を行う。新たに策定する計画については、2023年度から始まる松前町の後期総合計画にも内容が反映され、5年後、10年後のまちの在り方を考える上でも重要なターニングポイントとなる。

〇策定した計画
・スマート・シュリンクSXビジョン
・松前町DX推進計画
　　松前町の人口減少と町役場職員数の減少に対応した庁内DXと関係人口
　　の増加を目的としたDXの推進
・松前版SDGsチャレンジアクション
　　松前町職員と松前町民が取り組める、実現可能性の高い松前町独自のア
　　プローチによるSDGs施策

　背景として、松前町では以前は漁業が盛んだったが、漁獲量の減少などで東京、札幌、函館など町外への人口流出が続き、かつては2万人程度いた人口は令和2年の国勢調査で6,260人まで減少している。松前町では「厄介者だった強風が資源へと変わった。今後は再生可能エネルギーを活用した街づくりを東急不動産と進めたい」（石山英雄町長）として再生可能エネルギーを生かした企業誘致、移住促進などを検討している。当社としても再生可能エネルギーを中心とした、松前町の将来を見据えたまちづくり計画の策定支援を行うことで、松前町における企業連携による地域振興とまちづくりの発展に寄与する考えだ。
　特に、松前町は2023年4月に「スマート・シュリンクSXビジョン」を策定したが、当社もその実現、策定に協力をさせていただいている。同ビジョンでは冒頭、「変わりましょう、持続可能なまちへ　変えましょう、デジタル・脱炭素への想いを　みんなの力で活気あふれる松前町へ」という目標を掲げている。これは国立社会保障・人口問題研究所が公表した2018年の人口推

計で、2045年には松前町の人口が2,000人を切る、というショッキングな予測を受け、石山英雄町長が「人口は減っていくものの、そこに持続可能なまちづくりへの変革と力をためる『スマート・シュリンク（賢く縮む）』の考えを取り入れ、再生可能エネルギー 資源を活用した脱炭素への取り組み、産業の維持・活性化及び過疎ならではのDXを活用したコミュニティの 維持並びに町民生活の安定を図る」という決意を語っている。

　スマート・シュリンクSXビジョンの中で、松前町は6つのプロジェクトを掲げている。

1. 稼ぎ続ける観光産業への磨き上げ
2. 稼げる持続可能な未来の漁業創出
3. 持続可能で、稼げる畜産の構築
4. 地域にお金・人が巡る住み続けたいまち
5. RE100松前　再エネ地発地消転換
6. Uターン・Iターン戦略による次代担い手確保

　この中で2について松前町、関連団体などとともに、当社も実施体制に入っており、それぞれが目指す将来の姿に向け、当社の知見などを生かし、協力を進める方針である。

　中でも5「RE100松前　再エネ地発地消転換」においては、リエネ松前風力発電所の発電能力を生かし「町民への安価の電力販売と流出コストの減少」「新たな雇用創出」「職種の拡大による地元に残る若者増加」「交流人口の増加、地域の誇り創出」という目指す将来の姿の実現に向け、松前町や商工会、金融機関、松前さくら漁業協同組合、町民などと連携して活動を進めていく計画だ。

参考：松前町のスマート・シュリンクSXビジョン

https://www.town.matsumae.hokkaido.jp/hotnews/files/00002200/00002251/20230516112713.pdf

はじめに

　松前町は、国立社会保障・人口問題研究所が公表した2018年の人口推計において、2045年には人口が2,000人を切ると予測されました。

　現状における国勢調査人口の減少等を考えると、その信びょう性は高く、とても危惧しております。

　しかし、北海道で古い歴史を持つ、我が「松前町」を後世に繋げていかなければならない思いで、絶対的な人口減少の中にあって、町民生活の質を維持、向上させる、まさしく「生活満足度の高いまち」を目指すために、地域が積極的に公共事業や公共サービスの供給を効率化する英断も必要で、松前ならではの特質性、優位性を見いだし、地域間の競争力と民間活力を確保しながら、人口は減っていくものの、そこに持続可能なまちづくりへの変革と力をためる「スマート・シュリンク（賢く縮む）」の考えを取り入れ、再生可能エネルギー資源を活用した脱炭素への取り組み、産業の維持・活性化及び過疎ならではのDXを活用したコミュニティの維持並びに町民生活の安定を図るため、「松前町スマート・シュリンクSXビジョン」を策定しました。

　国が進める脱炭素及びエネルギー政策は乗り遅れるほど、そして小さな自治体ほど影響の波紋は大きく、更なる人口減少が進むことが懸念されます。しかし、松前町は、全国的に注目を集める風力発電という有効な資源と可能性を保有しており、その強みを企業連携による官民パートナーシップを構築することで、大胆かつ確実に推し進め、町民の皆様と力を合わせ、持続可能なまちづくりを推進していきたいと考えております。

変わりましょう、持続可能なまちへ　変えましょう、デジタル・脱炭素への想いを
みんなの力で活気あふれる松前町へ

松前町長　石山英雄

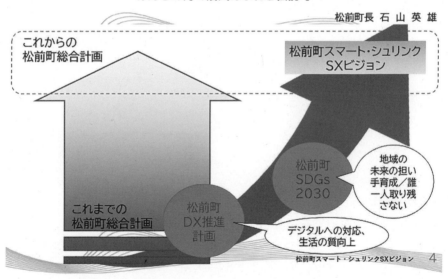

図2　松前町の「スマート・シュリンクSXビジョン」1

基本理念

| 地域内経済循環向上と稼ぐ産業 | 地域が主役そして共創 | 地域風土・文化創造 |

原則

持続可能性	運用面、財政面において持続可能性を起点に考える。
地域資本重視	地域経済、地域社会、地域環境を豊かにする。
新たなチャレンジ	前例にとらわれず、新たなチャレンジを行う。
連携	将来像に向け、あらゆる主体と連携する。
育む	次世代、プロジェクトを地域全体で育む。

松前町スマート・シュリンクSXビジョン　14

基本理念に込めた思い

地域内経済循環向上と稼ぐ産業
　持続可能な松前町のためには、人口を維持していくことが重要であるが、そのために、地域内で経済を循環させること、また地域外から稼ぐ産業を育むことを指針とする。

地域が主役そして共創
　脱炭素化及び気候変動への適応は全世界の共通課題であり、再生可能エネルギーのポテンシャルが高い当エリアの注目度はますます高くなると推測される。その中で、地域が主体的に、再生可能エネルギーから生じる利益を地域のために活用していくことが大切である。
　また、地域内だけでは出来ないことは、地域外の事業者等と共創していくことを指針とする。

地域風土・文化創造
　松前町の固有の歴史・文化を次世代へ引き継ぐとともに、再生可能エネルギーの取組や新しいチャレンジを加え、新たな地域の風土・文化として創造していくことを指針とする。

松前町スマート・シュリンクSXビジョン　15

図3　松前町の「スマート・シュリンクSXビジョン」2

3 地域住民や子どもたちへの波及

　さらに、当社の再生可能エネルギー事業、そしてリエネ松前風力発電所の町民への理解を促すため、松前町教育委員会との協力も進めている。当社の松前町に駐在する若手社員が小中学校を訪れ、再生可能エネルギー事業などを紹介する「出前教室」や風車見学会などの環境教育を行うなど、将来を担う子どもたちへエネルギーについて学ぶ機会を提供している。松前町の課題は、「過疎化、少子高齢化、産業空洞化、ブラックアウトの可能性」、これに対し東急不動産は、「地域の活性化支援、風力発電による電力安定供給」ができるよう課題解決に向けた協力をしていく方針だ。

　また、リエネ松前風力発電所の風車は前述の通り、全長約150メートルと大きく、特に大きな障害となる騒音は出ないものの、住民の皆様の運転へのご理解・ご協力をいただくことは非常に大事なテーマとなる。当社ではリエネ松前風力発電所に愛着を持っていただくため、風車を建てる前、ナセルと呼ばれる羽の付け根部分に地元の小中学生に絵を書いてもらう「お絵描きイベント」も実施した。

　さらに松前町に風力発電所があることをさらにご理解いただこうと、地元青年部の夏祭りを再生可能エネルギー100%で開催するための協力活動も進めている。リエネ風力発電所内の事務所（再生可能エネルギー100%）でポータブル型の小型蓄電池に風力発電で発生した再々可能エネルギーの電気を貯め、それを夏祭り会場に運び、照明の電源を100%再生可能エネルギーとする。経済産業省に問い合わせたところ「おそらく全国初の取組」の夏祭りで再生可能エネルギーを住民の方々に感じていただいた。

　こうしたイベント・地域貢献を通じ、リエネ松前風力発電所の運転、そして今後の拡大・発展に向け、地域住民の皆様へのご理解を深めていただいている。

松前町の小学校での当社駐在社員の「出前授業」の様子

お絵描きイベントの様子

再生可能エネルギー100%活用した夏祭りの様子

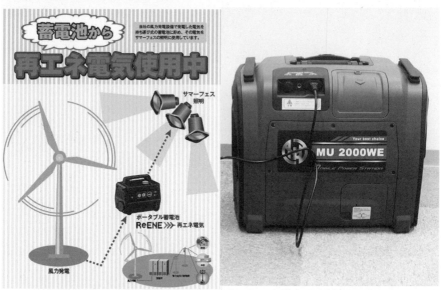

ボータブル蓄電池

当日使用した蓄電池や仕組みを紹介した、当日会場に掲示した紹介看板

社会貢献アプリを活用した
地域住民のソーシャルアクション活性化

ソーシャルアクションカンパニー株式会社　**薄井大地・黒木宏太・原田佳奈**

1　はじめに

各地共通の課題感

　SDGsが2015年9月の国連サミットで採択された。日本では、特に企業や一般市民も巻き込みブームの様相を呈している。多くの地方自治体でもSDGsへの取組を始めている一方で、地方自治体の場合はいかに住民の参加を促せるかが課題となることが多い。自治体の状況を構成する市民の行動が変わらない限り、SDGsの観点の変化は訪れないからだ。

　本稿では、SDGsに住民参加を呼び込むための実践として、福岡県北九州市と福井県高浜町の事例を取り上げる。両自治体は社会貢献アプリ「actcoin（アクトコイン）」を活用して、住民のアクションを活性化している。その取組の背景・成果・課題を整理していく。

2　社会貢献アプリ「actcoin（アクトコイン）」とは?

　両自治体の取組に先立って、両自治体が導入した「actcoin」がどのようなサービスかを整理する。actcoinとは、SDGsに貢献する個人の取組についてサービス上で実践報告することで、アクトコインというデジタルポイント（以下：コイン）が発行されるサービスである。自分のこれまでの活動が見える化され、ユーザー同士の関心分野や、登録団体の活動について知ることができる。

　「社会課題について学べるセミナーやボランティアへの参加（以下：参加

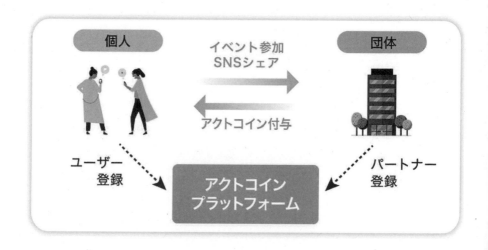

図1　actcoin（アクトコイン）の概要

機能）」「課題解決に取り組む団体への寄付」そして「日常の中で社会や環境に意識した習慣を取り入れる（以下：デイリーアクション）」このような「ソーシャルアクション（＝社会貢献活動）」を実践した際、コインを獲得できる。

　『ソーシャルアクションを新しい価値に変える』をミッションに掲げ、現在1.6万人以上のユーザー、約350の登録団体（NPO・企業・学生団体・自治体など）がつながる社会貢献プラットフォームとなっている。

　参加機能では、約350の登録団体が開催する様々なイベントやセミナーに参加することでコインを獲得できる。多くのイベントは、1時間あたり1000コインの獲得対象となっている。イベントは、リアル開催のものからオフライン開催のものまで幅広く掲載されており、取り扱うテーマも多岐にわたる。自身の興味関心に沿って、選択できる点が魅力である。

　デイリーアクションでは、SDGsの項目に付随した様々な習慣項目から、自身にあったものを選択することができる。そして選択した習慣を毎日報告することで、500コインを獲得することができる。習慣の項目は、該当するSDGsを専門に取り組む団体が監修したものもあり、より専門的な学びを得

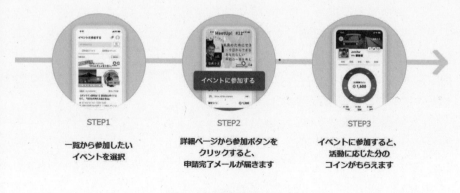

STEP1
一覧から参加したい
イベントを選択

STEP2
詳細ページから参加ボタンを
クリックすると、
申請完了メールが届きます

STEP3
イベントに参加すると、
活動に応じた分の
コインがもらえます

図2　参加機能のイメージ

STEP1
習慣化したい
アクションを選択

STEP2
1日の終わりに達成できた
アクションを報告

STEP3
500コインを獲得

図3　デイリーアクションのイメージ

ることができる。

3　北九州市の事例

（1）北九州市の課題

　ここからは各自治体の事例について触れていく。まずは北九州市の課題を
紹介する。北九州市は「温室効果ガスの排出」と「住民参加」の大きく2つ
の課題を抱えていた。

「温室効果ガスの排出」という課題は、北九州市が四大工業地帯の一つ・ものづくりの街として発展した、裏側の課題として顕在化していた。近年では、再生可能エネルギーの普及などにより減少傾向であるものの、今後追加的な削減対策を行わないと仮定した場合、2030年度の排出量は、現在と同程度と推計されている。

　「住民参加」の観点では、北九州市はこれまでも気候変動対策を呼びかけたものの、市民からは「何から始めたらよいのかわからない」「環境にやさしいアクションに取り組んでも、成果が見えないので実感しにくい」という声が挙がるなど、課題となっている。

(2) 北九州市の取組

　このような課題を受けて北九州市は、2020年10月に「2050年までに脱炭素社会の実現（温室効果ガスの排出を全体としてゼロとする）」を目指す、ゼロカーボンシティ宣言を表明した。また2021年6月に「気候非常事態宣言」を行い、同年8月には北九州市地球温暖化対策実行計画を改定した。

　そしてこの2つの宣言を、住民参加をベースにしながら推進するプロジェクトとして立ち上がったのが「KitaQ Zero Carbon」である。「KitaQ Zero Carbon」では、カーボンニュートラルを実現すべく2022年1月〜2024年12月までの3年間で6万人のアクション創出を目指している。

　この目標を達成すべく「KitaQ Zero Carbon」では、actcoinと連携すること

脱炭素に関する
イベントの情報発信

イベントへの参加、
協働・脱炭素への意識向上

北九州市を
ゼロカーボンシティへ

図4　KitaQ Zero Carbonプロジェクトの構想

で2点の効果を狙っている。1点目は「アクションの見える化による動機付け」である。「KitaQ Zero Carbon」の関連プロジェクト・イベントに参加するとコインがもらえるため、市民一人ひとりのゼロカーボンアクションの見える化ができる。植樹会などの脱炭素に関するイベントへの参加や、不要になった小型電子機器の回収に協力して廃棄物削減に取り組んだり、市内に設置した宅配ロッカーを利用して再配達の抑制によるCO_2排出量の削減をすることでコインを獲得できるため、手応えを感じられるしくみになっている。また同プロジェクトのコインが一定数に達したユーザーには、同市に本社を置くシャボン玉石けん株式会社の賞品を手に入れられるという、インセンティブも設定している。

　2点目の狙いは「住民や企業との協働・共創」である。同プロジェクトで掲載されるイベントは、市が運営するものだけでなく、企業からイベント企画の提案を受けて開催することもあり、好評を博している。また市内全員で集めたコインの総数が100万コインに到達すると、ソーシャルアクションカンパニー株式会社が市内の環境活動団体に10万円を寄付するというキャンペーンを行っている。コインの出口が、市内の団体に寄付されることで、社会課題解決の循環を作り上げている。

4　高浜町の事例

(1) 高浜町の課題：ソーシャル・グッド（SDGs）育成

　続いて福井県高浜町の事例について触れていく。福井県高浜町は大きな課題を3つ抱えていた。1つ目は「産業・観光の振興」である。高浜町はかつて海水浴の町として知られ、8キロ続く白浜青松の砂浜は、日本の快水浴場百選にも認定されている。しかし近年では海水浴客が昭和50年頃の120万人をピークに、平成27年には約20万人と6分の1まで減少している。また関西電力株式会社高浜発電所があることにより雇用基盤があるものの、その他の産業は十分に育っていないという課題があった。

2つ目の課題が「地域医療体制の整備」である。高浜町には町立病院がなく、唯一の病院である高浜病院は医師不足の状況である。また65歳以上の人口も2020年で34.0%と推計されており、高齢化への対応も急務となっている。

　最後の課題が「住民参加」である。他2つの課題について、自治体が主導できる部分もあれば住民の行動変容が必要な側面もある。住民の参加を促しながら、課題解決をすることで、より長期的なまちづくりの展望が開けてくる。

(2) 高浜町の取組

　これらの課題を背景として、福井県高浜町はソーシャルアクションカンパニー株式会社および一般財団法人ソーシャルアクション財団との連携協定を2022年8月3日に締結した。この連携協定では、「SDGsを含むソーシャルアクションの可視化」「次世代プレイヤーや地域課題解決をテーマとしたまちづくりイベント創出」など、クリエイティブな地方創生施策の推進を行うことが目指されている。

図5　高浜町のSDGsの取組を可視化する特設サイトを開設

　まず「SDGsを含むソーシャルアクションの可視化」として、ポータルサイトを通じた積極的な情報発信を行っている。高浜町内では、2016年、アジアで初めてビーチ・マリーナの国際環境認証ブルーフラッグを取得したことを契機に、様々なまちづくりイベントやビーチクリーンなどのボランティア活動、SDGsに関連した授業やセミナーが開催されている。これらを共通のプラットフォームで見ることができるようactcoinと連携することで、イベントに参加した人数や、発行されたコイン数などが自動更新されている。

　また「地域医療体制の整備」の文脈で、高浜町では「たかはま健康づくり10ヶ条」という独自の健康習慣を提唱している。このアクションを、actcoinのデイリーアクション機能に掲載し、ユーザーが実践状況を可視化できるようになった。これにより、町で進める「健康づくり」アクションがどれだけの人々に浸透しているかが見える化され、より有効な打ち手が考えられるようになる。

　最後に「次世代プレイヤーや地域課題解決をテーマとしたまちづくりイベント創出」については、地域特産品をプレゼントするキャンペーンを実施している。actcoin上で一定の条件を満たしたユーザーに対して、高浜町の特産品をプレゼントすることにより、町の産業振興への貢献を果たしている。

5　両自治体の比較検討

(1) 取組の成果

　住民参加が課題であった両自治体の取組の成果を確認し、今後に向けた課題を整理していく。

■北九州市

　まず北九州市の成果を確認する。北九州市の「KitaQ Zero Carbon」の取組では、原稿執筆時点で、8,170人が参加している。この数字はあくまでactcoinのアカウント単位で数えているため、中には複数のアカウントで参加

図6　ポータルサイトで実行状況をタイムリーに外部発信

している可能性があることに留意されたい。北九州市の人口が、2023年7月時点で917,988人となっていることから考えると、人口の0.89%が参加したことになる。

　実はこの背景には、市内住民ではないユーザーが参加したことで、数字が底上げされている影響がある。つまり北九州市の取組が、ポータルサイトの開設により市内住民以外にも届いたのである。この外部発信効果もこの取組の成果の一つの観点と言える。

■高浜町

　続いて、高浜町の成果についても確認する。高浜町の「福井・高浜町SDGs推進」の取組では、原稿執筆時点でイベントへの参加が累計112人になっている（北九州市では、イベント参加だけではない）。この数字は、令和5年6月末時点で総人口9,786人である高浜町の人口の1.14%に相当する。なおこの数字も、市内住民以外を含んでいる。

図7　ポータルサイトで実行状況をタイムリーに外部発信

　また高浜町では、町指定のデイリーアクションを設定している。このデイリーアクションは累計で7,520回実施されている。デイリーアクションは仕様上、同一人物が毎日報告できるものではあるが、総人口の76.8%に相当する数に上っていることは、特筆すべき点である。

　また高浜町とソーシャルアクションカンパニー株式会社の連携協定に関するプレスリリースについては、19ものオンラインメディアに転載された。実は、「福井・高浜町SDGs推進」は、広告予算が0のプロジェクトとしてスタートしている。それにもかかわらず、これだけ多くのメディアに掲載されたことは、広報発信効果が非常に高いものとなっている。

(2) 取組の課題

　ここまで両自治体の取組の成果を確認してきた。今度は逆に、取組の課題について概観する。課題は大きく2点存在する。まず1点目は、ITツールへの親しみ具合が違う点である。両自治体でactcoinとの連携を開始した際に「ア

プリの登録」や「QRコードの読み取り」といった操作に対して、北九州市ではすんなり受け入れられることが多かったものの、高浜町では慣れておられない方々が多かった。この背景はあくまで推測になるが、北九州市は政令指定都市で人口も多いため、日々の買い物や公共交通機関を利用する際にアプリ等のITツールを使う場面が多い。一方で、比較的人口が少なく車を使う機会が多い高浜町では、アプリ等のITツールを使う場面が少ないことが想像できる。結果として、actcoinの導入にあたっても受け入れ方に差ができたと考えられる。

　2点目は、取組の浸透施策の差である。北九州市には高校や大学といった施設が存在していることから、「KitaQ Zero Carbon」では2年目の浸透施策として大学連携を主軸に進めている。一方で、高浜町には、大学や高校が存在していない。そのため「福井・高浜町SDGs推進」の浸透においても、デジタルデバイドの解消において若い世代が貢献する機会を設ける（中学生によるスマホ教室ボランティア）など、連携の幅が広がる余地が残されている。

6　今後の展望

　ここまで両自治体の取組について比較分析を行ってきた。最後に、この両自治体の取組の先の展望について記載する。

　まず他自治体からも「住民参加のソーシャルアクションを可視化する」取組を展開していく可能性がある。実際に2023年度には「自治体の公募案件」に対して「自治体と企業をマッチングする企業」から、ソーシャルアクションカンパニー株式会社に対して、公募案件への申し込み提案が複数届いている。どの自治体においても「住民参加を促進する」という上述の課題と共通した内容での提案である。

　またこのように導入自治体が増加することで、複数自治体の取組を網羅したページの作成や、合同でのイベントの実施など、自治体をまたいだ施策のさらなる展開が展望できる。各自治体だけでは届かない層や、より大きな予

算をもって住民参加を促進するなどの期待ができる。さらには成功している
自治体の取組を踏まえ、他自治体が学び合うようなナレッジマネジメントも
可能である。今後のさらなる展開を期待したい。

　本稿をご覧いただき連携希望の自治体・企業のご担当者様は、以下の問い
合わせフォームよりソーシャルアクションカンパニー株式会社にご連絡くだ
さいませ。

https://actcoin.jp/contact.html

第4章　都道府県別活動人口の推計

都道府県別活動人口の推計

芝浦工業大学 教授／環境政策研究所　所長　**中口　毅博**

　前年のSDGs自治体白書では、活動人口導入が必要な社会的背景、地方別活動人口および潜在活動人口の算定結果、政策への活用について掲載したが、本年はこの続編として都道府県別活動人口の推計結果を紹介する。

1 活動人口とは

(1) 活動人口の定義と導入のメリット

　前書では活動人口概念導入の背景として、住民力・ソーシャルキャピタルと地域の持続可能性、地域創生の取組の経緯と動向、地域創生とSDGsの取組の関係について述べた上で、定住人口や関係人口より進んだ政策目標として活動人口を導入する必要性について述べた[1]。これらについては前書を参照していただきたいが、ここでは改めて、活動人口の定義と導入のメリットについて述べる。

　「活動人口」は、<u>地域内で社会活動を実践する人と地域の外から当該地域の持続可能な地域づくりに貢献する人の総数</u>と定義する。

　図1に「活動人口」と関係人口・交流人口・定住人口の関係を示した。総務省のいう「関係人口」は外の人に限られているが、「活動人口」は地域内の人もカウントする。また「関係人口」は過去に居住経験やルーツがある者であれば、特段活動をしていない人もカウントされてしまう。

---

[1]　中口毅博（2022）活動人口を目標とした持続可能な地域づくり.SDGs自治体白書2022,p131-178.

総務省　関係人口ポータルサイトを参考に筆者が作成 2)

図1　「活動人口」と関係人口・交流人口・定住人口の関係

　活動人口で捉えることのメリットは、内と外との相互作用によって生まれるシナジー効果が表現されることである。例えば地域外から大学生30名が入って海岸の清掃活動をしたとする。翌年には地元の小学生30名と一緒にこの活動をすれば、活動人口は60人になるが、関係人口は30人のままである。関係人口の定義では外からの応援が内に刺激を与えて活性化する効果が反映されないのである。

　また、関係人口が増えたからといって地域の持続可能性が向上するとは限らない。例えば外から観光客が入ってきて自然を破壊したりごみを捨てていくことでかえって財政負担を大きくすることもある。活動人口の場合は社会

---

2)　総務省 関係人口ポータルサイト https://www.soumu.go.jp/kankeijinkou/about/index.html

貢献を意図した活動のみをカウントするので、稀に逆に自然破壊になることもあるが概ね持続可能性と比例関係にある。

一方、社会活動の増加により、犯罪を減らす、住民の健康状態を改善する、学校でのいじめや不登校児を減らす、婚姻や子どもの出生を促す、失業を抑制するなどの効果があることが明らかになっている[3]。「関係人口」が地域経済活性化中心の指標であるのに対し、「活動人口」はコミュニティ維持や環境保全も含めた地域の持続可能性を示す総合的な指標になっている。

以上のことから、地域の持続可能性を示す指標として関係人口に代わり「活動人口」を設定することを筆者は推奨する。

(2) 社会活動の定義

前書では、社会活動の具体的内容について、筆者が参画した2つの研究プロジェクト[4][5]を参考に89項目の社会活動を抽出したが、前書の社会活動アンケート調査における自由回答欄で記述が複数見られた1項目を加え90項目とした。これらを整理した結果を表1に示す。

2 活動人口の推計方法

本稿では、都道府県別活動人口の現状値を推計するが、本節ではその推計方法について述べる。

---

[3] 例えば、内閣府（2007）平成19年国民生活白書の第2章第2節「地域のつながりの変化による影響」、金谷信子（2008）ソーシャル・キャピタルの形成と多様な市民社会‐地縁型vs自律型市民活動の都道府県別パネル分析. The Nonprofit Review,8（1）,p13-31.などがある。

[4] 芝浦工業大学・国立環境研究所・千葉大学・名古屋大学・東京大学（2015）地域内外の影響を考慮した環境・経済・社会の評価指標と測定手法の開発最終研究報告書.

[5] 中口毅博（2020）ESD地域創生に関する評価指標. 立教大学「ESDによる地域創生の評価とESD地域創生拠点の形成に関する研究」平成27年度～平成31（令和元）年度「私立大学戦略的研究基盤形成支援事業」研究成果報告書所収,120pp.

表1　社会活動項目一覧

No.	活動項目（社会系）	No.	活動項目（経済系・環境系）
1	お金に困っている人や国への資金提供や寄付をする	44	農作業や森での作業・労働を行う
2	住居のない人に住まいや一時滞在場所を提供する	45	農産物の加工や農産加工品の販売を手伝う
3	野菜や料理のおすそ分けをする	46	飲食店や飲食コーナーの運営を手伝う
4	食料・生活用品などを寄付する	47	観光客や修学旅行者を家に泊める（民泊）
5	お勧めの病院や福祉・介護施設の情報を教える	48	海外での水道や建物建設、農産物やものづくりを支援する
6	お勧めの保育所や学校・塾、習い事の情報を教える	49	非常時（停電や災害発生時など）にトイレ、入浴設備の提供や設置を手伝う
7	病人、けが人、体調不良の人の看護・介護をする	50	河川・水路・池・側溝等の清掃・補修作業を行う
8	高齢者（親）や体の不自由な人、乳幼児などの世話をする	51	非常時（停電や災害発生時など）に雨水や処理水などの未利用水を提供する
9	医薬品や健康器具を寄付・提供する	52	途上国の上下水道設備の設置を手伝ったり、資金を寄付する
10	お年寄りや障がい者の見守りや送迎を行う	53	節電や省エネ活動に参加する
11	ウォーキングや体操などスポーツや健康づくり活動を一緒に行う	54	太陽光発電や風力発電、小水力発電など自然エネルギー設備に出資する
12	お年寄りや障がい者の話し相手になる	55	太陽光パネルや風車、水力発電装置など備を作ったり維持管理する
13	料理や工芸品などの作り方を教える、または教えてもらう	56	お勧めの名産品や販売店の情報を教える
14	外国人や海外に住む人々の医療・健康・福祉を支援する	57	就職したり、転職したりする際に推薦状を書く
15	子どもに勉強を教えたり、遊んだり、見守りをする	58	仕事や就職先（パート、アルバイトを含む）を紹介する
16	教養・学習講座・研修などの講師を務める	59	観光客・訪問者に現地を案内したり説明する（観光ガイド）
17	途上国の子どもへの文房具などを贈る・買うお金を寄付する	60	名産品やB級グルメの店を教える
18	女性の生理用品を提供する	61	企業や商店・公共施設での就労体験（インターンシップ）を行う
19	女性の差別解消や働く女性を支援する	62	地場産品や伝統工芸品などの開発・販売を手伝う
20	非常時（停電や災害発生時など）に飲料水や飲み物を提供する	63	地域情報をスマホやブログ、放送、新聞等で発信する
21	非常時（停電や災害発生時など）に充電器や発電機を提供する	64	名所や特産品、地域特徴的な活動を宣伝するのイベントを企画・運営する
22	英語など外国語の通訳や翻訳を行う	65	不当労働行為や過重労働をなくす運動に参加する
23	法律や公的な制度についての相談に乗る	66	お金に関するアドバイス（保険や投資、借金など）をする
24	差別やいじめを受けている人を励ましたり相談に乗る	67	パソコンやWifiルータ、スマホなどの情報機器を貸す
25	いじめや差別、LGBTへの偏見をなくす活動を行う	68	新たな仕事（会社）を始める（起業する）
26	外国人の生活を支援する（ごみ出しルールや買い物の情報など）	69	AIやロボット活用のアイデアを考えたりシステムを開発する
27	外国人と互いの国の文化体験活動などを一緒に行う	70	パソコンや家電製品のトラブルを解決する
28	交通手段がない人を自動車で目的地まで乗せていく	71	壊れた家具や自転車を修理する
29	長期間留守にする際や非常時（停電や災害発生時など）にペットの世話をする	72	防災マップ・防犯マップ製作など地域の安全性調査を行う
30	非常時（停電や災害発生時など）に囲いや簡易ベッドなどの設置を手伝う	73	防災・防犯グッズを製作したり、その活動に寄付する
31	空き家や空き地の修復・維持管理を行う	74	災害や火事・事故発生時の避難・救護・復旧活動を行う
32	道路・公園などの清掃、草刈り、補修作業を手伝う	75	自分の家以外の花や木の栽培・植樹や手入れを手伝う
33	集会所や公民館の清掃・補修などの作業を手伝う	76	非常時（停電や災害発生時など）に炊き出しや生活用品の配布を手伝う
34	窃盗など犯罪の見張り・見回りを手伝う	77	自分の家以外のごみの分別・運搬・廃棄を手伝う
35	DV（家庭内暴力）の被害や性被害に合っている人を励ましたり相談に乗る	78	店や工場で発生する不要品で日曜品や美術品などを作る
36	平和維持・反戦活動に参加したり、寄付する	79	余り食材・賞味期限切れ前の食材を寄付する
37	戦争から逃れてきた人（難民）や紛争地域に住む人の生活支援をする・寄付する	80	廃品回収やリサイクル活動に参加する
38	最近引っ越してきた人の世話をしたり交流する	81	野生の生物を観察したり保護する活動に参加する
39	墓参りや法事に参加する	82	海辺の清掃・維持管理する活動に参加する
40	同窓会に参加したり母校を訪問する	83	プラスチックの製品や包装を使わない活動に参加する
41	献血や髪の毛などを提供する（ドナー登録のみは除く、個人的な参加を含む）	84	まちの理想像や将来計画づくりに参加する
42	鬱などの精神疾患がある人、引きこもりや不登校の人を励ましたり相談に乗る	85	音楽や劇、郷土芸能、ストリートパフォーマンスなどを人前で行う
43	手話や点字を覚えたり、それを使って視覚・聴覚障がいのある人と会話する	86	地域の伝統的な祭りや行事へ参加する
		87	歴史的遺産・建築物を保護する活動を行う
		88	自分が描いた絵、彫刻、アニメなどを人目に触れる場に置く
		89	芸術作品や音楽を作り、人目に触れる形で公表する
		90	学校の土地・建物を、行政やNPO法人に無料で貸す

（1）調査方法と調査項目

　調査方法はWebアンケート調査とした[6]。実施日は2023年3月14〜17日で、対象は全国の15歳以上の男女、サンプル数は20,000とし、個人差が大きいとみられる10代と20代を4,000とやや厚めに配分し、30代〜50代と60代以上は3,000とした。性別は男女同数とした。

　この20,000人について表1の社会活動90項目の実施状況、具体的には2018年4月から現在までの5年間に1回でも経験した・参加したことのあるものをすべて挙げてもらった。また、推計の際に用いることを想定し、年齢のほかに、国勢調査で把握できる居住期間、世帯人員、家族類型について[7]も尋ねた。

　90項目中80以上の活動にチェックした回答は無効とした結果、有効回答数は表2に示すとおりとなった。

表2　性年齢別有効回答数

年代	合計	男性	女性
10代	3,998	1,998	2,000
20代	3,996	1,997	1,999
30代	2,996	1,497	1,499
40代	2,996	1,498	1,498
50代	2,999	1,499	1,500
60代	1,988	855	1,133
70代以上	1,011	644	367
合計	18,973	9,344	9,629

---

6)　アイブリッジ株式会社が開発・運営しているセルフ型のアンケートツール「Freeasy」を用いた。Freeasyは1,300万人のモニターから、必要なサンプル数を性年齢層別に割りあてることができる。割りあてたサンプル数に達した層から順次終了となる。モニターの属性、具体的には都道府県、未婚・既婚の別、職業、業種、世帯年収、居住形態、子供有無が判明しており、これら属性とのクロス集計も容易に行える。

7)　家族類型については、選択肢が多く複雑であったため、その他回答が多く不正確と見なして集計対象から除外した。

(2) 推計方法

①指標の設定

　本調査で推計した指標は、以下のとおりである。

　　　　1人あたり活動数＝活動者数÷有効回答数

　　　　活動実施率＝活動者数÷有効回答数

　　　　活動人口＝10歳以上地域人口×活動実施率

　例えば、90の社会活動ごとに有効回答数で実施数を割った値を「実施率」とし、これに2022年の10歳以上の人口を乗じた値を「活動人口」としている[8]。

②特定社会活動の設定

　活動項目は90種類もあり、すべてについて限られた紙面で算定結果を紹介できない。そこで特定社会活動として、既往調査の回答パターンに応じて、「住居のない人に住まいや一時滞在場所を提供する」「道路・公園などの清掃・草刈り・補修作業を手伝う」「非常時（停電や災害発生時など）にトイレ、入浴設備の提供や設置を手伝う」「地場産品や伝統工芸品などの開発・販売を行う」「音楽や劇、郷土芸能、ストリートパフォーマンスなどを人前で行う」の5つの活動を設定した[9]。

③回答の補正

　回答者の属性には偏りがあるので、そのバイアスを補正する必要がある。　例えば「住居のない人に住まいや一時滞在場所を提供する」「道路・公園

---

8)　今回の調査では活動場所は尋ねていないので、自地域で活動しているとは限らない。

9)　項目の選定は、2022年4月に芝浦工業大学環境システム学科学生を対象に行った同様の調査（この際は89項目）データに多変量解析の数量化Ⅲ類を適用し、カテゴリースコア内の第1軸、第2軸、第3軸の上位10位、下位10位内の社会活動内で、「墓参りや法事に参加する」などの身内内での活動を除いた、回答率3%以上の活動の中から抽出した。平良慧悟・中口毅博（2023）持続可能な社会の創り手をめざす課題解決型学習に関する研究—中等教育における資質能力向上と社会活動実践に向けた授業の提案—.2022年度卒業論文,p33-36.

表3　年齢、世帯人員、居住期間別実施率

No.	属性	カテゴリー	2 住居のない人に住まいや一時滞在場所を提供する	32 道路・公園などの清掃・草刈り・補修作業を手伝う	49 非常時（停電や災害発生時など）にトイレ、入浴設備の提供や設置を手伝う	62 地場産品や伝統工芸品などの開発・販売を行う	85 音楽や劇、郷土芸能、ストリートパフォーマンスなどを人前で行う
1	年齢	10代	2.1%	6.3%	3.4%	1.0%	3.6%
2		20代	1.3%	2.4%	3.4%	0.5%	1.5%
3		30代	1.1%	3.7%	2.9%	0.8%	0.9%
4		40代	0.8%	5.2%	1.3%	0.6%	0.4%
5		50代	0.4%	7.7%	0.3%	0.2%	1.1%
6		60代	0.4%	10.6%	0.5%	0.2%	0.8%
>=7		70代以上	0.7%	19.4%	0.3%	0.4%	1.0%
1	世帯人員	1人	0.7%	3.7%	1.3%	0.3%	1.2%
2		2人	0.8%	8.2%	0.9%	0.4%	1.0%
3		3人	0.8%	6.3%	1.6%	0.4%	1.4%
4		4人	1.3%	7.0%	2.7%	1.0%	2.1%
5		5人	1.8%	6.2%	3.8%	0.8%	2.3%
6		6人	1.9%	7.1%	5.8%	1.0%	2.1%
>=7		7人以上	4.3%	2.7%	6.8%	1.1%	1.1%
1	居住期間	出生時から	1.1%	4.4%	1.5%	0.6%	1.7%
2		1年未満	1.5%	3.9%	1.7%	0.6%	1.5%
3		1年以上5年未満	1.6%	4.5%	3.8%	0.8%	1.6%
4		5年以上10年未満	1.6%	4.7%	3.8%	0.9%	1.5%
5		10年以上20年未満	1.0%	7.1%	1.8%	0.4%	1.8%
6		20年以上	0.6%	9.2%	0.9%	0.4%	1.1%

などの清掃・草刈り・補修作業を手伝う」「非常時（停電や災害発生時など）にトイレ、入浴設備の提供や設置を手伝う」「地場産品や伝統工芸品などの開発・販売を行う」「音楽や劇、郷土芸能、ストリートパフォーマンスなどを人前で行う」の5つの活動についての属性別活動実施率を表3に示した。

　この結果、年齢と世帯人員、居住期間の3要素で実施率の差が大きいことから、これを勘案して推計値を補正することにする。

　まず、都道府県ごとの年齢と世帯人員、居住期間の平均値を算出し、90の活動項目ごとに、活動実施率を目的変数、平均年齢、平均世帯人員、平均居住期間を説明変数とする重回帰分析を行った[10]。その結果、重相関係数は

10）定数項は0とする重回帰モデルを用いた。

表4　活動項目別重相関係数

No.	活動項目（社会系）	重相関係数	No.	活動項目（経済系・環境系）	重相関係数
1	お金に困っている人や国への資金提供や寄付をする	0.98	44	農作業や森での作業・労働を行う	0.96
2	住居のない人に住まいや一時滞在場所を提供する	0.85	45	農産物の加工や産業加工品の販売を手伝う	0.95
3	野菜や料理のおすそ分けをする	0.97	46	飲食店や飲食コーナーの運営を手伝う	0.95
4	食料・生活用品などを寄付する	0.94	47	観光客や修学旅行者を家に泊める（民泊）	0.85
5	お勧めの病院や福祉・介護施設の情報を教える	0.95	48	海外での水道や建物建設、農産物やものづくりを支援する	0.90
6	お勧めの保育所や学校・塾、習い事の情報を教える	0.94	49	非常時（停電や災害発生時など）にトイレ、入浴設備の提供や設置を手伝う	0.92
7	病人、けが人、体調不良の人の看護・介護をする	0.98	50	河川・水路・池・側溝等の清掃・補修作業を行う	0.95
8	高齢者（親）や体の不自由な人、乳幼児などの世話をする	0.98	51	非常時（停電や災害発生時など）に雨水や処理水などの未利用水を提供する	0.92
9	医薬品や健康器具を寄付・提供する	0.84	52	途上国の上下水道設備の設置を手伝ったり、資金を寄付する	0.75
10	お年寄りや障がい者の見守りや送迎を行う	0.95	53	節電や省エネ活動に参加する	0.98
11	ウォーキングや体操などスポーツや健康づくり活動を一緒に行う	0.97	54	太陽光発電や風力発電、小水力発電など自然エネルギー設備に出資する	0.90
12	お年寄りや障がい者の話し相手になる	0.95	55	太陽光パネルや風車、水力発電装置など備を作ったり維持管理する	0.80
13	料理や工芸品などの作り方を教える、または教えてもらう	0.94	56	お勧めの名産品や販売店の情報を教える	0.92
14	外国人や海外に住む人々の医療・健康・福祉を支援する	0.78	57	就職したり、転職したりする際に推薦状を書く	0.84
15	子どもに勉強を教えたり、遊んだり、見守りをする	0.96	58	仕事や就職先（パート、アルバイトを含む）を紹介する	0.92
16	教養・学習講座・研修などの講師を務める	0.84	59	観光客・訪問者に現地を案内したり説明する（観光ガイド）	0.81
17	途上国の子どもへの文具具類などを贈る・買うお金を寄付する	0.89	60	名産品やB級グルメの店を教える	0.91
18	女性の生理用品を提供する	0.76	61	企業や商店・公共施設での就労体験（インターンシップ）を行う	0.81
19	女性の差別解消や働く女性を支援する	0.80	62	地場産品や伝統工芸品などの開発・販売を行う	0.81
20	非常時（停電や災害発生時など）に飲料水や飲み物を提供する	0.78	63	地域情報をスマホやブログ、放送、新聞等で発信する	0.86
21	非常時（停電や災害発生時など）に充電器や発電機を提供する	0.79	64	名所や特産品、地域特徴的な活動を宣伝するのイベントを企画・運営する	0.77
22	英語など外国語の通訳や翻訳を行う	0.84	65	不当労働行為や過重労働をなくす運動に参加する	0.74
23	法律や公的な制度についての相談に乗る	0.76	66	お金に関するアドバイス（保険や投資、借金など）をする	0.91
24	差別やいじめや不登校を励ましたり相談に乗る	0.87	67	パソコンやWifiルータ、スマホなどの情報機器を貸す	0.91
25	いじめや差別、LGBTへの偏見をなくす活動に参加する	0.85	68	新たな仕事（会社）を始める（起業する）	0.87
26	外国人の生活を支援する（ごみ出しルールや買い物の情報など）	0.73	69	AIやロボット活用のアイデアを考えたりシステムを開発する	0.67
27	外国人と互いの文化体験活動を一緒に行う	0.78	70	パソコンや家電製品のトラブルを解決する	0.96
28	交通手段がない人を自動車で目的地まで乗せていく	0.92	71	壊れた家具や自転車を修理する	0.94
29	長期間留守にする際や非常時（停電や災害発生時など）にペットの世話をする	0.81	72	防災マップ・防犯マップ製作など地域の安全性調査を行う	0.83
30	非常時（停電や災害発生時など）に囲いや簡易ベッドなどの設置を手伝う	0.65	73	防災・防犯グッズを製作したり、その活動に寄付する	0.75
31	空き家や空き地の修復・維持管理を行う	0.81	74	災害や火事・事故発生時の避難・救護・復旧活動に手伝う	0.78
32	道路・公園などの清掃・草刈り・補修作業を手伝う	0.96	75	自分の家以外の花や木の栽培・植付や手入れを手伝う	0.89
33	集会所や公民館の清掃、補修などの作業を手伝う	0.90	76	非常時（停電や災害発生時など）に炊き出しや生活用品の配布を手伝う	0.67
34	窃盗など犯罪の見張り・見回りを手伝う	0.81	77	自分の家以外のごみの分別・運搬・廃棄を手伝う	0.92
35	DV（家庭内暴力）の被害や性被害に合っている人を励ましたり相談に乗る	0.75	78	店や工場で発生する不要品で日曜品や美術品などを作る	0.64
36	平和維持・反戦活動に参加したり、寄付する	0.88	79	余り食材・賞味期限切れ前の食材を寄付する	0.82
37	戦争から逃れてきた人（難民）や紛争地域に住む人の生活支援をする・寄付する	0.81	80	廃品回収やリサイクル活動に参加する	0.94
38	最近引っ越してきた人の世話をしたり交流する	0.91	81	野生の生物を観察したり保護する活動に参加する	0.84
39	墓参りや法事に参加する	0.99	82	海辺の清掃・維持管理する活動に参加する	0.82
40	同窓会に参加したり母校を訪問する	0.96	83	プラスチックの製品や包装を使わない活動に参加する	0.85
41	献血や髪の毛などを提供する（ドナー登録のみは除く、個人的な参加を含む）	0.95	84	まちの理想像や将来計画づくりに参加する	0.82
42	鬱などの精神疾患がある人、引きこもりや不登校の人を励ましたり相談に乗る	0.91	85	音楽や劇、郷土芸能、ストリートパフォーマンスなどを人前で行う	0.90
43	手話や点字を覚えたり、それを使って視覚・聴覚障がいのある人と会話する	0.87	86	地域の伝統的な祭りや行事へ参加する	0.94
			87	歴史的遺産・建築物を保護する活動を行う	0.82
			88	自分が描いた絵、彫刻、アニメなどを人目に触れる場に置く	0.89
			89	芸術作品や音楽を作り、人目に触れる形で公表する	0.86
			90	学校の土地・建物を、行政やNPO法人に無料で貸す	0.75

表4に示すように、ほとんどの項目が0.7以上であり、この3要素で説明できることになった。そこでそれぞれの回帰式について（偏回帰係数）×（各要素の値）の和をもって各都道府県の予測値を算出した。例えば、北海道の「お金に困っている人や国への資金提供や寄付をする」実施率の予測値は、

0.0020×平均年齢49.8-0.0025×平均居住期間15.7＋0.0288×平均世帯人員2.1＝11.7%　となる。

3　活動人口推計結果

(1) 1人あたり活動数（補正前）

性年齢別活動数
—20代が最も少なく、年齢が上がると活動数は増え、10代も活動数は多い—

　ここではまず、重回帰分析による補正前の1人あたり活動数を性年齢別にみた。すなわち、延べ活動数（90種類の活動のうちこの5年間で実施した種類数）を回答数で除した割合は2.32で、男性2.25、女性2.38と女性がやや上回った。

　年齢別に示すと図2のようになった。10代が2.72とやや大きく、20代で1.95と急激に小さくなり、以降年齢が上がるにつれて徐々に活動数が増えて、70代以上3.25と最も高くなっている。

表5　性年齢別平均活動数（全国）

年齢	合計	男性	女性
10代	2.72	2.56	2.89
20代	1.95	1.90	2.01
30代	2.04	2.02	2.06
40代	2.03	1.94	2.12
50代	2.33	2.13	2.53
60代	2.57	2.72	2.46
70代以上	3.25	3.23	3.29
合計	2.32	2.25	2.38

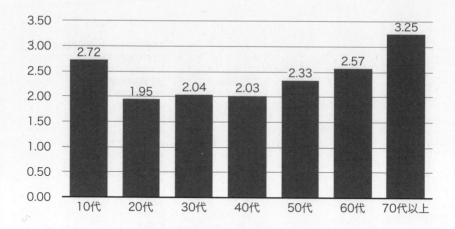

図2　年齢別平均活動数（全国）

仕事をしているかどうかが社会活動の実施率に大きく関係していることが読み取れる。

（2）活動種類別実施率

全体的傾向

―自宅や近隣でできる活動が大きいが、環境保全や防災・まちづくり、

人権系の活動が小さくなっている―

　最も実施率が大きいのは、「墓参りや法事に参加する」の18.66%であり、他を引き離している。「お金に困っている人や国への資金提供や寄付をする」が12.41%、「野菜や料理のおすそ分けをする」が11.57%とこれに続いている。さらに「節電や省エネ活動に参加する」「病人、けが人、体調不良の人の看護・介護をする」「子どもに勉強を教えたり、遊んだり、見守りをする」が8%以上とやや大きくなっている。寄付も含め、自宅や近隣でできる活動が大きいが、環境保全や防災・まちづくり、人権系の活動が小さくなっていることがわかる。

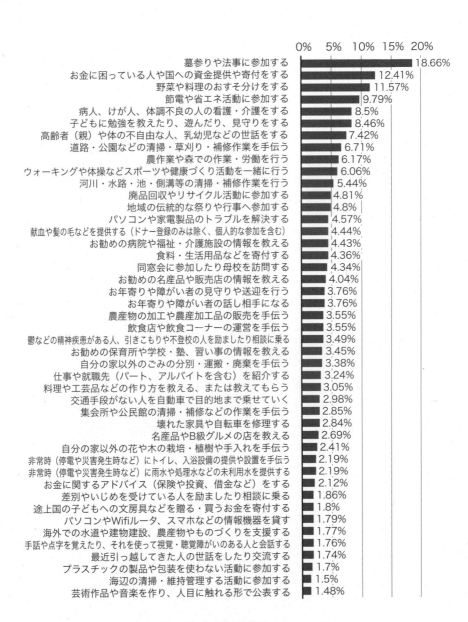

	0%	5%	10%	15%	20%
墓参りや法事に参加する					18.66%
お金に困っている人や国への資金提供や寄付をする			12.41%		
野菜や料理のおすそ分けをする			11.57%		
節電や省エネ活動に参加する		9.79%			
病人、けが人、体調不良の人の看護・介護をする		8.5%			
子どもに勉強を教えたり、遊んだり、見守りをする		8.46%			
高齢者（親）や体の不自由な人、乳幼児などの世話をする		7.42%			
道路・公園などの清掃・草刈り・補修作業を手伝う		6.71%			
農作業や森での作業・労働を行う		6.17%			
ウォーキングや体操などスポーツや健康づくり活動を一緒に行う		6.06%			
河川・水路・池・側溝等の清掃・補修作業を行う		5.44%			
廃品回収やリサイクル活動に参加する		4.81%			
地域の伝統的な祭りや行事へ参加する		4.8%			
パソコンや家電製品のトラブルを解決する		4.57%			
献血や髪の毛などを提供する（ドナー登録のみは除く、個人的な参加を含む）		4.44%			
お勧めの病院や福祉・介護施設の情報を教える		4.43%			
食料・生活用品などを寄付する		4.36%			
同窓会に参加したり母校を訪問する		4.34%			
お勧めの名産品や販売店の情報を教える		4.04%			
お年寄りや障がい者の見守りや送迎を行う		3.76%			
お年寄りや障がい者の話し相手になる		3.76%			
農産物の加工や農産加工品の販売を手伝う		3.55%			
飲食店や飲食コーナーの運営を手伝う		3.55%			
鬱などの精神疾患がある人、引きこもりや不登校の人を励ましたり相談に乗る		3.49%			
お勧めの保育所や学校・塾、習い事の情報を教える		3.45%			
自分の家以外のごみの分別・運搬・廃棄を手伝う		3.38%			
仕事や就職先（パート、アルバイトを含む）を紹介する		3.24%			
料理や工芸品などの作り方を教える、または教えてもらう		3.05%			
交通手段がない人を自動車で目的地まで乗せていく		2.98%			
集会所や公民館の清掃・補修などの作業を手伝う		2.85%			
壊れた家具や自転車を修理する		2.84%			
名産品やB級グルメの店を教える		2.69%			
自分の家以外の花や木の栽培・植樹や手入れを手伝う		2.41%			
非常時（停電や災害発生時など）にトイレ、入浴設備の提供や設置を手伝う		2.19%			
非常時（停電や災害発生時など）に雨水や処理水などの未利用水を提供する		2.19%			
お金に関するアドバイス（保険や投資、借金など）をする		2.12%			
差別やいじめを受けている人を励ましたり相談に乗る		1.86%			
途上国の子どもへの文房具などを贈る・買うお金を寄付する		1.8%			
パソコンやWifiルータ、スマホなどの情報機器を貸す		1.79%			
海外での水道や建物建設、農産物やものづくりを支援する		1.77%			
手話や点字を覚えたり、それを使って視覚・聴覚障がいのある人と会話する		1.76%			
最近引っ越してきた人の世話をしたり交流する		1.74%			
プラスチックの製品や包装を使わない活動に参加する		1.7%			
海辺の清掃・維持管理する活動に参加する		1.5%			
芸術作品や音楽を作り、人目に触れる形で公表する		1.48%			

図3a　活動種類別実施率その1（全国）

	0%	5%	10%	15%	20%
余り食材・賞味期限切れ前の食材を寄付する	1.48%				
音楽や劇、郷土芸能、ストリートパフォーマンスなどを人前で行う	1.47%				
平和維持・反戦活動に参加したり、寄付する	1.36%				
太陽光パネルや風車、水力発電装置など備を作ったり維持管理する	1.34%				
いじめや差別、LGBTへの偏見をなくす活動を行う	1.32%				
教養・学習講座・研修などの講師を務める	1.31%				
自分が描いた絵、彫刻、アニメなどを人目に触れる場に置く	1.25%				
観光客や修学旅行者を家に泊める（民泊）	1.2%				
住居のない人に住まいや一時滞在場所を提供する	1.18%				
女性の生理用品を提供する	1.15%				
新たな仕事（会社）を始める（起業する）	1.13%				
英語など外国語の通訳や翻訳を行う	1.13%				
観光客・訪問者に現地を案内したり説明する（観光ガイド）	1.07%				
太陽光発電や風力発電、小水力発電など自然エネルギー設備に出資する	1.05%				
医薬品や健康器具を寄付・提供する	1.05%				
外国人や海外に住む人々の医療・健康・福祉を支援する	1%				
法律や公的な制度についての相談に乗る	0.99%				
防災マップ・防犯マップ製作など地域の安全性調査を行う	0.93%				
地域情報をスマホやブログ、放送、新聞等で発信する	0.91%				
途上国の上下水道設備の設置を手伝ったり、資金を寄付する	0.89%				
空き家や空き地の修復・維持管理する	0.88%				
戦争から逃れてきた人（難民）や紛争地域に住む人の生活支援をする・寄付する	0.87%				
外国人と互いの国の文化体験活動などを一緒に行う	0.87%				
女性の差別解消や働く女性を支援する	0.84%				
非常時（停電や災害発生時など）に飲料水や飲み物を提供する	0.82%				
長期間留守にする際や非常時（停電や災害発生時など）にペットの世話をする	0.81%				
就職したり、転職したりする際に推薦状を書く	0.77%				
企業や商店・公共施設での就労体験（インターンシップ）を行う	0.73%				
非常時（停電や災害発生時など）に充電器や発電機を提供する	0.72%				
まちの理想像や将来計画づくりに参加する	0.72%				
野生の生物を観察したり保護する活動に参加する	0.7%				
窃盗など犯罪の見張り・見回りを手伝う	0.68%				
名所や特産品、地域特徴的な活動を宣伝するイベントを企画・運営する	0.66%				
歴史的遺産・建築物を保護する活動を行う	0.65%				
外国人の生活を支援する（ごみ出しルールや買い物の情報など）	0.57%				
地場産品や伝統工芸品などの開発・販売を行う	0.57%				
DV（家庭内暴力）の被害や性被害に合っている人を励ましたり相談に乗る	0.55%				
防災・防犯グッズを製作したり、その活動に寄付する	0.48%				
災害や火事・事故発生時の避難・救護・復旧活動を手伝う	0.45%				
学校の土地・建物を、行政やNPO法人に無料で貸す	0.45%				
非常時（停電や災害発生時など）に囲いや簡易ベッドなどの設置を手伝う	0.44%				
AIやロボット活用のアイデアを考えたりシステムを開発する	0.39%				
非常時（停電や災害発生時など）に炊き出しや生活用品の配布を手伝う	0.34%				
不当労働行為や過重労働をなくす運動に参加する	0.33%				
店や工場で発生する不要品で日用品や美術品などを作る	0.24%				

図3b　活動種類別実施率その2（全国）

(3) 特定社会活動の都道府県別実施率

①実施率

―大都市圏よりも地方の活動が活発で、地方の中でも大都市圏から離れた

都道府県の活動の実施率が大きい―

　「住居のない人に住まいや一時滞在場所を提供する」は、全国の実施率が1.18%であるが、鳥取県が1.72%で最も大きく、次いで沖縄県1.67%、富山県1.61%となっている。「道路・公園などの清掃・草刈り・補修作業を手伝う」は全国の実施率が6.71%であるが、山形県が10.35%と最も大きく、次いで鳥取県10.33%、富山県9.91%となっている。

　「非常時（停電や災害発生時など）にトイレ、入浴設備の提供や設置を手伝う」は全国の実施率が2.19%であるが、沖縄県が3.34%で最も大きく、次いで鳥取県3.17%、佐賀県3.04%となっている。「地場産品や伝統工芸品などの開発・販売を行う」は全国の実施率が0.57%であるが、鳥取県が1.04%で最も大きく、次いで富山県0.95%、山形県0.93%となっている。

　「音楽や劇、郷土芸能、ストリートパフォーマンスなどを人前で行う」は全国の実施率が1.47%であるが、鳥取県が2.91%で最も大きく、次いで富山県2.57%、山形県2.43%となっている。

　このように、大都市圏よりも地方の活動が活発で、地方の中でも大都市圏から離れた都道府県の活動の実施率が大きい。

②活動人口

―人口に比例して大都市圏の活動人口が大きいが、東京都が必ずしも首位でなく、

人口4位の愛知県が首位である項目もある―

　「住居のない人に住まいや一時滞在場所を提供する」は、全国の活動人口が136万5千人であるが、東京都が139.0千人で最も大きく、次いで神奈川県99.1千人、大阪府90.1千人となっている。

　「道路・公園などの清掃・草刈り・補修作業を手伝う」は全国の活動人口

表6　特定社会活動の都道府県別実施率（大きい順）

住居のない人に住まいや一時滞在場所を提供する		道路・公園などの清掃・草刈り・補修作業を手伝う		非常時（停電や災害発生時など）にトイレ、入浴設備の提供や設置を手伝う		地場産品や伝統工芸品などの開発・販売を行う		音楽や劇、郷土芸能、ストリートパフォーマンスなどを人前で行う	
都道府県	実施率	都道府県	実施率	都道府県	実施率	都道府県	実施率	都道府県	実施率
鳥取県	1.72%	山形県	10.35%	沖縄県	3.34%	鳥取県	1.04%	鳥取県	2.91%
沖縄県	1.67%	鳥取県	10.33%	鳥取県	3.17%	富山県	0.95%	富山県	2.57%
富山県	1.61%	富山県	9.91%	佐賀県	3.04%	山形県	0.93%	山形県	2.43%
佐賀県	1.57%	福井県	9.89%	大分県	3.03%	岐阜県	0.89%	岐阜県	2.36%
熊本県	1.49%	岐阜県	9.58%	富山県	2.94%	青森県	0.82%	沖縄県	2.34%
高知県	1.49%	新潟県	9.44%	高知県	2.94%	島根県	0.80%	佐賀県	2.26%
大分県	1.48%	青森県	9.43%	熊本県	2.91%	滋賀県	0.80%	滋賀県	2.12%
鹿児島県	1.47%	島根県	9.23%	鹿児島県	2.89%	佐賀県	0.79%	熊本県	2.08%
岐阜県	1.46%	岩手県	9.12%	岐阜県	2.62%	沖縄県	0.78%	青森県	2.07%
山形県	1.44%	香川県	9.04%	滋賀県	2.59%	福島県	0.77%	島根県	2.03%
滋賀県	1.42%	福島県	8.80%	福岡県	2.56%	宮崎県	0.76%	宮崎県	2.02%
宮崎県	1.39%	長野県	8.69%	宮崎県	2.54%	長野県	0.76%	福島県	1.98%
石川県	1.32%	滋賀県	8.67%	石川県	2.50%	岩手県	0.74%	高知県	1.98%
福島県	1.31%	徳島県	8.50%	山形県	2.49%	熊本県	0.72%	鹿児島県	1.97%
青森県	1.31%	宮崎県	8.32%	広島県	2.46%	長崎県	0.72%	長野県	1.94%
広島県	1.30%	秋田県	8.32%	岡山県	2.37%	新潟県	0.71%	長崎県	1.86%
福岡県	1.30%	静岡県	8.28%	愛知県	2.35%	静岡県	0.70%	愛知県	1.82%
愛知県	1.29%	長崎県	8.21%	福島県	2.32%	愛知県	0.70%	岩手県	1.80%
岡山県	1.28%	和歌山県	7.96%	神奈川県	2.28%	徳島県	0.69%	静岡県	1.76%
長野県	1.27%	愛知県	7.89%	青森県	2.26%	高知県	0.69%	広島県	1.75%
島根県	1.27%	佐賀県	7.68%	長崎県	2.25%	鹿児島県	0.68%	大分県	1.73%
長崎県	1.26%	茨城県	7.62%	長野県	2.25%	広島県	0.65%	石川県	1.70%
静岡県	1.24%	三重県	7.57%	島根県	2.20%	茨城県	0.64%	徳島県	1.69%
茨城県	1.21%	宮城県	7.47%	静岡県	2.19%	岡山県	0.64%	岡山県	1.68%
宮城県	1.20%	山梨県	7.42%	茨城県	2.17%	宮城県	0.64%	茨城県	1.63%
徳島県	1.18%	群馬県	7.38%	宮城県	2.17%	福井県	0.63%	宮城県	1.62%
岩手県	1.16%	愛媛県	7.34%	京都府	2.15%	石川県	0.63%	三重県	1.57%
埼玉県	1.16%	岡山県	7.24%	千葉県	2.15%	三重県	0.63%	新潟県	1.56%
神奈川県	1.16%	熊本県	7.08%	埼玉県	2.14%	香川県	0.61%	福岡県	1.55%
京都府	1.15%	広島県	7.07%	東京都	2.12%	愛媛県	0.59%	愛媛県	1.46%
三重県	1.15%	沖縄県	7.04%	山口県	2.08%	秋田県	0.58%	埼玉県	1.42%
愛媛県	1.14%	栃木県	7.02%	大阪府	2.08%	栃木県	0.57%	栃木県	1.42%
山口県	1.14%	兵庫県	6.97%	愛媛県	2.04%	大分県	0.57%	山口県	1.40%
栃木県	1.12%	石川県	6.91%	三重県	2.04%	群馬県	0.56%	京都府	1.35%
千葉県	1.12%	山口県	6.78%	徳島県	2.03%	山口県	0.56%	兵庫県	1.33%
大阪府	1.11%	高知県	6.73%	栃木県	2.02%	埼玉県	0.56%	群馬県	1.30%
兵庫県	1.08%	鹿児島県	6.61%	兵庫県	1.93%	兵庫県	0.55%	大阪府	1.21%
東京都	1.07%	埼玉県	6.60%	岩手県	1.93%	福岡県	0.55%	秋田県	1.20%
北海道	0.99%	京都府	6.23%	北海道	1.83%	京都府	0.53%	千葉県	1.16%
群馬県	0.99%	奈良県	5.92%	奈良県	1.73%	和歌山県	0.51%	福井県	1.15%
新潟県	0.97%	大阪府	5.90%	群馬県	1.67%	大阪府	0.48%	神奈川県	1.13%
奈良県	0.96%	福岡県	5.69%	新潟県	1.45%	千葉県	0.45%	北海道	1.05%
香川県	0.83%	北海道	5.62%	秋田県	1.19%	北海道	0.44%	奈良県	0.98%
秋田県	0.82%	千葉県	5.51%	香川県	1.15%	奈良県	0.43%	和歌山県	0.96%
和歌山県	0.76%	大分県	5.14%	和歌山県	1.08%	神奈川県	0.43%	東京都	0.96%
福井県	0.69%	神奈川県	4.99%	福井県	0.76%	山梨県	0.43%	山梨県	0.67%
山梨県	0.57%	東京都	4.30%	山梨県	0.68%	東京都	0.36%		

表7　特定社会活動の都道府県別活動人口

住居のない人に住まいや一時滞在場所を提供する		道路・公園などの清掃・草刈り・補修作業を手伝う		非常時（停電や災害発生時など）にトイレ、入浴設備の提供や設置を手伝う		地場産品や伝統工芸品などの開発・販売を行う		音楽や劇、郷土芸能、ストリートパフォーマンスなどを人前で行う	
都道府県	人口	都道府県	人口	都道府県	人口	都道府県	人口	都道府県	人口
東京都	139.0	東京都	559.6	東京都	276.6	愛知県	48.2	愛知県	125.7
神奈川県	99.1	愛知県	543.9	神奈川県	195.0	東京都	47.0	東京都	125.0
大阪府	90.1	大阪府	480.1	大阪府	169.4	大阪府	39.1	大阪府	98.4
愛知県	89.0	埼玉県	448.8	愛知県	162.2	埼玉県	37.9	神奈川県	96.8
埼玉県	78.7	神奈川県	427.2	埼玉県	145.8	神奈川県	36.4	埼玉県	96.6
千葉県	65.2	兵庫県	348.5	千葉県	124.9	兵庫県	27.6	福岡県	72.6
福岡県	61.1	千葉県	319.9	福岡県	120.4	千葉県	26.4	千葉県	67.5
兵庫県	54.2	静岡県	275.2	兵庫県	96.7	福岡県	25.7	兵庫県	66.6
北海道	47.5	北海道	270.4	北海道	87.8	静岡県	23.3	静岡県	58.6
静岡県	41.1	福岡県	267.1	静岡県	72.7	北海道	21.0	北海道	50.7
広島県	33.2	茨城県	201.1	広島県	62.6	茨城県	17.0	広島県	44.5
茨城県	31.8	新潟県	189.6	茨城県	57.3	広島県	16.5	茨城県	43.0
京都府	27.3	広島県	180.1	京都府	51.1	岐阜県	16.0	岐阜県	42.6
岐阜県	26.4	岐阜県	172.7	岐阜県	47.3	長野県	14.2	長野県	36.4
宮城県	25.4	長野県	162.8	宮城県	45.9	新潟県	14.2	宮城県	34.2
長野県	23.9	宮城県	158.2	長野県	45.8	宮城県	13.5	福島県	33.1
熊本県	23.6	京都府	147.9	熊本県	45.8	福島県	12.9	熊本県	32.7
沖縄県	22.0	福島県	146.7	沖縄県	43.8	京都府	12.5	京都府	32.0
岡山県	21.9	群馬県	131.2	鹿児島県	42.1	熊本県	11.4	新潟県	31.4
福島県	21.9	栃木県	124.5	岡山県	40.8	岡山県	11.0	沖縄県	30.7
鹿児島県	21.1	岡山県	124.4	福島県	38.7	滋賀県	10.3	岡山県	28.8
栃木県	19.9	三重県	122.3	栃木県	35.9	沖縄県	10.2	鹿児島県	28.2
新潟県	19.4	滋賀県	112.0	滋賀県	33.4	三重県	10.2	滋賀県	27.4
三重県	18.5	熊本県	111.5	三重県	32.9	栃木県	10.2	三重県	25.3
滋賀県	18.3	青森県	106.5	大分県	31.1	群馬県	10.0	栃木県	25.1
群馬県	17.6	岩手県	100.6	群馬県	29.8	鹿児島県	9.8	富山県	24.3
富山県	15.2	山形県	100.5	新潟県	29.2	青森県	9.2	山形県	23.6
大分県	15.1	長崎県	97.2	富山県	27.8	山形県	9.1	青森県	23.4
長崎県	14.9	鹿児島県	94.9	長崎県	26.6	富山県	8.9	群馬県	23.0
青森県	14.8	富山県	93.6	石川県	25.9	長崎県	8.5	長崎県	22.1
山形県	13.9	沖縄県	92.4	青森県	25.6	岩手県	8.2	岩手県	19.9
山口県	13.9	愛媛県	89.1	山口県	25.4	宮崎県	7.4	宮崎県	19.6
愛媛県	13.8	山口県	82.8	愛媛県	24.7	愛媛県	7.2	大分県	17.7
石川県	13.7	宮崎県	80.7	宮崎県	24.6	山口県	6.8	愛媛県	17.7
宮崎県	13.4	香川県	78.2	山形県	24.2	石川県	6.5	石川県	17.6
岩手県	12.8	秋田県	73.0	佐賀県	22.3	大分県	5.8	山口県	17.1
奈良県	11.7	奈良県	71.8	岩手県	21.3	佐賀県	5.8	佐賀県	16.6
佐賀県	11.6	石川県	71.5	奈良県	21.0	香川県	5.3	鳥取県	14.6
高知県	9.4	福井県	68.7	高知県	18.6	鳥取県	5.2	高知県	12.5
鳥取県	8.6	和歌山県	66.9	鳥取県	15.9	高知県	5.2	島根県	12.4
島根県	7.7	佐賀県	56.4	島根県	13.3	奈良県	5.2	奈良県	11.9
徳島県	7.7	島根県	56.0	徳島県	13.3	秋田県	5.1	徳島県	11.1
秋田県	7.2	徳島県	55.8	秋田県	10.5	島根県	4.9	香川県	10.7
香川県	7.1	山梨県	55.4	香川県	9.9	徳島県	4.5	秋田県	10.5
和歌山県	6.4	大分県	52.7	和歌山県	9.1	福井県	4.4	和歌山県	8.1
福井県	4.8	鳥取県	51.8	福井県	5.3	和歌山県	4.3	福井県	8.0
山梨県	4.3	高知県	42.5	山梨県	5.1	山梨県	3.2	山梨県	5.0

が776万5千人であるが、東京都が559.6千人と最も大きく、次いで愛知県543.9千人、大阪府480.1千人となっている。

「非常時（停電や災害発生時など）にトイレ、入浴設備の提供や設置を手伝う」は全国の活動人口が253万1千人であるが、東京都が276.6千人で最も大きく、次いで神奈川県195.0千人、大阪府169.4千人となっている。

「地場産品や伝統工芸品などの開発・販売を行う」は全国の活動人口が66万2千人であるが、愛知県が48.2千人で最も大きく、次いで東京都47.0千人、大阪府39.1千人となっている。

「音楽や劇、郷土芸能、ストリートパフォーマンスなどを人前で行う」は全国の活動人口が170万1千人であるが、愛知県が125.7千人で最も大きく、次いで東京都125.0千人、大阪府98.4千人となっている。

このように、人口に比例して大都市圏の活動人口が大きいが、東京都が必ずしも首位でなく、人口4位の愛知県が首位である項目もある。

(4) まとめ

活動人口推計結果についてまとめると、以下のことがいえる。
- １人あたり活動数は2.32、性別では女性の方が若干多い。年齢別では20代が最も少なく、年齢が上がると活動数は増え、10代も活動数は多い。
- 活動種類別実施率は、自宅や近隣でできる活動が大きいが、環境保全や防災・まちづくり、人権系の活動が小さくなっている。
- 特定社会活動の都道府県別実施率をみると、大都市圏よりも地方の活動が活発で、地方の中でも大都市圏から離れた都道府県の活動の実施率が大きい。
- 特定社会活動の都道府県別活動人口をみると、人口に比例して大都市圏の活動人口が大きいが、東京都が必ずしも首位でなく、人口4位の愛知県が首位である項目もある。

以上のことから、地域の結びつきの強い農村部の活動を維持することととと

もに、結びつきの弱い都市部の活動を活性化していくことが課題である。また、隣近所の助け合い活動のみでなく、SDGs的な活動の活発化が望まれる。さらに、活動が活発な高齢者層や学校を通して活動に参加しているとみられる10代の活力を活かしつつ、勤労者層、とくに20～30代の若い層や子育て世代が参画できる環境を整備することが重要と思われる。

4　活動人口の政策への活用

　前書でも活動人口の政策への活用の私見を述べたが、都道府県推計結果を踏まえて、本節では改めて活動人口を活かした持続可能な地域づくりの方向性と活動人口を増やすための行政の役割や施策について述べる。

(1) 活動人口を活かした持続可能な地域づくりの方向性

① SDGs的な活動の活発化
　前節の分析結果より、環境保全や防災・まちづくり、人権系の活動の実施率が低いことが明らかになった。従来からの近隣での共助活動も重要であるが、SDGsの達成に向け世界が連帯して取り組むことが不可欠となった時代においては、地域や国際社会の課題解決につながるSDGs的な活動に主体的に取り組む層を増やしていくことが求められる。

② 年齢やライフステージに応じた活動量や質の向上
　前節の分析結果より、高齢者層や10代の活動が比較的活発である一方、勤労者層、とくに20～30代の若い層や子育て世代の活動実施率が小さいことが明らかになった。今後は年齢・ライフステージと活動頻度・形態との関係とを分析することで、活動量や活動の質の向上を図っていく必要がある。一方で意識の多様化する中、古い価値観のもとで役割分担が固定化されないよう、配慮する必要がある。

③ 地域間連携の促進

　前節の分析結果より、実施率は大都市圏よりも地方の方が高いが、活動人口の絶対量は大都市圏が大きいこと、しかし活動項目によって順位が変動することが明らかになった。人口の絶対数が減少するにも関わらず、解決すべき課題は増加の一途をたどっている。そこで自分の地域の活動人口を増やすだけでなく、地域間で相互に応援する視点が必要である。その際活動人口の奪い合いにならないように、各地域で得意分野の人材を融通し合うことが重要である。

(2)　活動人口を増やす施策

　活動人口を増やす施策は、社会活動を直接的に支援する方策と、活動ができる下地を整備することで間接的に支援する方策の2つに分けることができる。直接的支援の方策は、ヒト、モノ、カネ、情報の4つに分けることができる。

①「ヒト」の支援

　「ヒト」、つまり人的支援については、活動についてアドバイスする専門家を派遣する制度や、協働活動のパートナーを仲介することが考えられる。前者については、国や自治体による人材派遣制度は数多くあるが[11]、SDGsに特化したものも出てきている[12]。また、中小企業支援の外郭団体でもSDGs経営計画の策定支援などの派遣制度がある[13]。後に述べる市民事業提案制度においては市民活動支援センターのスタッフが事前相談に乗っている事例もある。
　後者については、例えば、当該集落の自治会長を紹介したり、行政の担当

11）　例えば総務省では、地域おこし協力隊、集落支援員制度、地域力創造アドバイザー派遣制度などがある。https://www.soumu.go.jp/main_content/000055316.pdf
12）　SDGsに限った自治体の派遣制度として、例えば高知県SDGs推進アドバイザー制度がある。https://www.pref.kochi.lg.jp/press1/2021051400050/files/file_20215145203450_1.pdf, 2022年9月22日閲覧.
13）　例えば石川県産業創出支援機構では、SDGs経営において専門的な知識や経験を有する専門家を原則無料で派遣し、SDGs経営計画策定を支援している https://www.isico.or.jp/site/sdgs/expert.html. 2022年9月22日閲覧.

部署とつないだり、社会貢献活動に熱心な企業を紹介することが考えられる。このためのしくみの事例として、SDGs未来都市に指定された自治体で設置されているSDGsに取り組む組織の登録制度（SDGsパートナーなど）や連絡組織（プラットホーム）が挙げられる[14]。

②「モノ」の支援

　「モノ」、つまり物的支援については場の整備と現物提供が考えられる。前者の場合、市民活動の拠点施設を設置して、執務やミーティングスペースや備品などの保管スペースを提供することがこれにあたる[15]。ただ、年齢やライフステージに応じた活動量や質の向上のためには、従来型の拠点整備ではなく、児童館や放課後クラブなどの子育て支援施設や高齢者福祉施設、小中学校など、その層が集まる場所に併設する活動拠点を併設する発想が必要になる。また、外からの支援者の活動拠点として、移住定住支援拠点にコワーキングスペースや交流スペース、「多目的カフェ」などを設けることも重要である。内と外との交流・連携の促進することは、シナジー効果によって活動人口を2倍にする作用があり、政策的な効果が大きいと考える。

③「カネ」の支援

　「カネ」、つまり金銭的支援は、活動資金を補助したり仲介役となることが考えられる。主体的な活動を促すためには、市民事業提案制度のような形態が望ましいと考えられる[16]。その際、活動実績がないとダメ、法人格がないとダメ、地域内に住民票や事務所が無いとダメ、選考会や発表会を平日昼間

14）SDGsパートナーは、秋田県、神奈川県、千葉県、埼玉県、福井県、京都市、川崎市、相模原市、北九州市、豊中市、真庭市、小田原市など数多くの事例がある。

15）日本NPOセンターのホームページに全国のNPO支援センターの一覧が掲載されている。https://www.jnpoc.ne.jp/?page_id=757, 2022年9月22日閲覧.

16）あらかじめ行政側がテーマ（政策課題）や対象地区（限界集落など）を提示し、それに対する課題解決策の提案を求める場合と、市民側がフリーで提案できる場合にわけられる。しかし制度導入から約20年が経過し、行政ニーズと市民ができることのミスマッチなど、さまざまな課題が浮き彫りになっている。

に開催し役所に来て参加しなければダメ、といった制約をできるだけ緩和し、学生や勤労者層などが参加しやすいようにする工夫が必要である。財源としては通常予算のみでなく、ふるさと納税などを通じて寄付金や出資金を行政が集め分配することが考えられる。また、地域外からの支援に対して、旅費の補助や移動手段の提供などを通じて後押しすることが重要である。

　さらに、活動が他の地域にみられない特色あるものであったり、成長分野であったりする場合は、ソーシャルビジネスとして利益を生み出せるように支援することが必要である。これにより、地域外での活動を増加させ、地域間の相互支援に役立つとともに、将来的には税収を増やすことにもつながると考えられる。

④「情報」の支援

　活動のヒントとなる過去の事例や他地域の事例などの情報[17]や、行政の関連施策のより詳細な情報をホームページなどで提供することで、当該地域から遠く離れた人や休日や夜間しか時間がない人がアクセスしやすくする必要がある。また人的資金的支援の情報をわかりやすく提供することも必要である。

⑤ 活動基盤の整備-社会との接点を増やす・時間的余裕を増やす

　まず、社会との接点を増やすしくみを構築することが重要である。小中学生、高校生、大学生は一定程度、社会活動に参加しているが、用意された活動に参加するのみで「主体的・対話的で深い学び」になっておらず、連携相手が限定されており地域コミュニティ維持や活性化に必ずしも役立っていないことが多い。前書でも述べたとおり、教育機関と市民、企業、行政などを

---

17) 例えば仙台市（2018）協働事例集「協働まちづくりの実践」があげられる。仙台市では「協働まちづくりの手引き」も特設ページで公開している。https://www.city.sendai.jp/kyodosuishin/kurashi/manabu/npo/shingikai/kekaku/kyodo_jissen.html, 2022年9月22日閲覧.

つなぐコーディネータの存在が不可欠である[18]。また、地域外の生徒・児童・学生が地域内の生徒・児童・学生と交流連携して活動するプログラム増やすことが望ましいと考える。

　一方、社会人の社会活動参加を促進するには、最大の壁は時間的余裕がないことである。そのため最も手っ取り早いのは企業ぐるみで社会活動に参加することである。個人として社会活動に参加するには、企業が副業を認めたり、ボランティア休暇やワーキングホリデーの創設・活用が必要となる。行政施策としては、このような制度を設けた企業への優遇税制や金融機関とタイアップして低利子融資や利子補給を行うことが考えられる。

　さらに、すべての層に共通する方策として、ソーシャルキャピタルを高めることが不可欠である。やらされ感のある近隣の行事参加だけではなく、自分の関心のある事柄に気軽に楽しみながら参加できる多様なメニューを地域内外の非営利組織や企業に提案してもらい、それらを資金的に支援する制度・しくみを構築することが考えられよう。

(3) マスタープランの目標としての活動人口の採用

　以上述べてきた取組は、個別に実行するのではなく、総合的・体系的に実行することが重要である。そこで総合計画、地方創生総合戦略などのマスタープランにおいて、「活動人口」の概念を取り入れることが重要である。言い換えれば、移住・定住中心の政策を捨て、"住まなくてもいいから社会を支えてくれる人を増やす"ことに発想を転換することが重要と考える。

　前書で紹介したように、福井県長期ビジョンはこれに近い考え方を導入している[19]。交流人口と関係人口を合わせたものを「活力人口」と定義し、定

18）岡山県では地域学校協働活動推進員（地域コーディネータ）を市町村ごとに指定しているが、例えば文部科学省の「地域との協働による高等学校教育改革推進事業」の指定を受けている岡山県立和気閑谷高校は、地域おこし協力隊や（社）まなびとのスタッフがコーディネータとしてカリキュラム開発に関わって成果をあげている。https://www.pref.okayama.jp/uploaded/life/662855_7171259_misc.pdf, 2022年9月22日閲覧.

19）福井県（2020）福井県長期ビジョン.46ページ.https://www.pref.fukui.lg.jp/doc/seiki/vision2019/top_d/fil/201014vision_all.pdf

住人口を維持しつつも交流人口・関係人口を大きく拡大することで2040年には活力人口を100万人にする目標を設定している。そのために交流や住民同士の支え合いを重視した将来構想を立案している。これをさらに発展させた考え方が「活動人口」であり、居住地に関わらず社会活動を実践する人数をカウントしてそれを目標として設定することを推奨したい。

　さらに、市民との連携を施策の一分野として自治活動や市民協働支援部署に担当させるのではなく、すべての施策において市民との協働での事業実施可能性を点検し、最低でも各部署で1つは協働事業を位置づけることで、活動人口の増加を促進することが可能となる[20]。これにより、前書の序章で述べた真のSDGsの取り組み"TOPIC"のうち、Partnership（パートナーシップ：協働活動）とTarget（ターゲット：具体的な目標設定）の要件を満たすことになると言えよう。

20）藤内は、住民組織・支援を母子保健、生活習慣病対策、特定健診・保健指導、介護予防、精神保健と横並びで考えるのではなく、これらの施策の前提と位置づける図を提案している。藤内修二（2007）ソーシャルキャピタルの醸成・活用における行政の役割.市町村保健活動の再構築に関する検討会.

参考表（1）a　都道府県別活動項目別活動実施率

	合計	1 お金に困っている人や国への資金提供や寄付をする	2 住居のない人に住まいや一時滞在場所を提供する	3 野菜や料理のおすそ分けをする	4 食料・生活用品などを寄付する	5 福祉・介護施設の情報や習い事の情報を教える	6 お勧めの保育所や学校・塾、看護・介護をする	7 お勧めの病院や病、けが人、体調不良の人の看護をする	8 高齢者（親）や体の不自由な人、乳幼児などの世話をする	9 医薬品や健康器具を寄付・提供する	10 お年寄りや障がい者の見守りや送迎を行う	11 ウォーキングや体操などスポーツや健康づくり活動を一緒に行う	12 お年寄りや障がい者の話し相手になる	13 料理や工芸品などの作り方を教え、また教えてもらう	14 外国人や海外に住む人々の医療・健康・福祉などを支援する	15 子どもに勉強を教えたり、遊んだり、見守りをする	16 教養・学習講座・研修などの講師を務める	17 途上国の子どもへの文房具などを贈る・買うお金を寄付する	18 女性の生理用品を提供する	19 女性の差別解消や働く女性を支援する	20 非常時（停電や災害発生時など）に飲料水や飲み物を提供する	21 非常時（停電や災害発生時など）に充電器や発電機を提供する
合計	2.41	12.4%	1.2%	11.6%	4.4%	4.4%	3.5%	8.5%	7.4%	1.0%	3.8%	6.1%	3.8%	3.0%	1.0%	8.5%	1.3%	1.8%	1.1%	0.8%	0.8%	0.7%
北海道	2.18	11.7%	1.0%	10.2%	4.3%	4.1%	3.0%	8.3%	6.9%	0.9%	3.5%	5.3%	3.5%	2.5%	0.8%	7.5%	1.2%	1.7%	1.1%	0.7%	0.7%	0.5%
青森県	2.63	12.6%	1.3%	14.0%	4.1%	4.7%	3.8%	8.1%	7.4%	0.9%	3.7%	6.5%	3.7%	3.6%	0.9%	9.5%	1.5%	1.7%	1.1%	0.8%	0.9%	1.0%
岩手県	2.50	12.3%	1.2%	13.5%	4.1%	4.6%	3.5%	8.0%	7.1%	0.7%	3.5%	5.9%	3.5%	3.3%	0.7%	8.9%	1.4%	1.7%	1.0%	0.7%	0.7%	0.8%
宮城県	2.45	12.4%	1.2%	12.2%	4.3%	4.5%	3.5%	8.3%	7.4%	0.9%	3.7%	6.1%	3.7%	3.2%	0.9%	8.7%	1.3%	1.8%	1.1%	0.8%	0.8%	0.8%
秋田県	2.17	11.2%	0.8%	11.9%	4.1%	4.2%	2.8%	7.6%	6.3%	0.2%	3.0%	4.4%	3.0%	2.5%	0.3%	7.5%	1.2%	1.6%	0.9%	0.5%	0.4%	0.5%
山形県	2.75	12.8%	1.4%	15.0%	3.9%	4.8%	4.1%	7.9%	7.6%	1.0%	3.8%	6.9%	3.8%	4.0%	0.9%	10.2%	1.5%	1.7%	1.1%	0.9%	1.0%	1.1%
福島県	2.60	12.7%	1.3%	13.5%	4.1%	4.7%	3.8%	8.2%	7.5%	1.0%	3.8%	6.5%	3.8%	3.6%	0.9%	9.4%	1.4%	1.8%	1.1%	0.8%	0.9%	0.9%
茨城県	2.48	12.6%	1.2%	12.4%	4.3%	4.5%	3.6%	8.4%	7.4%	1.0%	3.8%	6.1%	3.8%	3.0%	0.9%	8.8%	1.4%	1.8%	1.1%	0.8%	0.8%	0.8%
栃木県	2.39	12.4%	1.1%	11.7%	4.4%	4.4%	3.4%	8.5%	7.3%	0.9%	3.7%	5.8%	3.7%	3.0%	0.9%	8.4%	1.3%	1.9%	1.1%	0.7%	0.6%	0.7%
群馬県	2.27	11.8%	1.0%	11.6%	4.3%	4.3%	3.1%	8.1%	7.4%	0.6%	3.4%	5.2%	3.4%	2.8%	0.6%	7.9%	1.3%	1.7%	1.0%	0.7%	0.6%	0.6%
埼玉県	2.38	12.4%	1.2%	11.4%	4.4%	4.4%	3.4%	8.5%	7.4%	1.0%	3.7%	6.0%	3.7%	3.0%	1.0%	8.4%	1.3%	1.8%	1.1%	0.8%	0.8%	0.7%
千葉県	2.34	12.6%	1.1%	10.6%	4.6%	4.4%	3.3%	8.9%	7.6%	1.1%	3.8%	5.9%	3.8%	2.8%	1.1%	8.1%	1.3%	1.9%	1.2%	0.9%	0.8%	0.6%
東京都	2.19	12.4%	1.1%	9.3%	4.5%	4.1%	3.1%	8.7%	7.3%	1.2%	3.7%	5.7%	3.7%	2.5%	1.1%	7.5%	1.2%	1.8%	1.2%	0.9%	0.8%	0.5%
神奈川県	2.35	12.8%	1.2%	10.3%	4.7%	4.4%	3.4%	9.1%	7.7%	1.2%	4.0%	5.9%	4.0%	2.8%	1.2%	8.1%	1.3%	1.9%	1.2%	0.9%	0.8%	0.6%
新潟県	2.37	11.8%	1.0%	13.3%	4.1%	4.4%	3.2%	7.7%	6.6%	0.3%	3.2%	5.0%	3.2%	3.0%	0.4%	8.3%	1.3%	1.6%	0.9%	0.6%	0.5%	0.6%
富山県	2.91	13.6%	1.6%	15.2%	4.1%	5.0%	4.5%	8.5%	8.2%	1.4%	4.3%	7.7%	4.3%	4.3%	1.2%	10.8%	1.6%	1.9%	1.3%	1.0%	1.1%	1.3%
石川県	2.53	12.4%	1.3%	12.1%	4.4%	4.6%	3.7%	8.7%	7.8%	1.3%	4.0%	6.6%	4.0%	3.3%	1.2%	9.0%	1.4%	1.9%	1.2%	0.9%	0.6%	0.9%
福井県	2.23	11.5%	0.7%	13.2%	4.3%	4.4%	2.7%	7.8%	6.2%	-0.2%	2.8%	4.0%	2.8%	2.5%	-0.1%	7.6%	1.3%	1.6%	0.8%	0.4%	0.4%	0.4%
山梨県	1.96	10.8%	0.6%	10.7%	4.3%	4.0%	2.3%	7.6%	5.8%	-0.1%	2.7%	3.5%	2.7%	2.0%	0.1%	6.4%	1.1%	1.5%	0.8%	0.4%	0.4%	0.2%
長野県	2.54	12.3%	1.3%	13.3%	4.0%	4.6%	3.4%	8.0%	7.3%	0.9%	3.7%	6.3%	3.7%	3.5%	0.9%	9.2%	1.4%	1.7%	1.1%	0.8%	0.8%	0.9%
岐阜県	2.73	12.8%	1.5%	14.4%	3.9%	4.8%	4.1%	8.0%	7.7%	1.2%	3.9%	7.1%	3.9%	3.6%	1.1%	10.1%	1.5%	1.8%	1.2%	0.9%	0.8%	1.0%
静岡県	2.55	12.7%	1.2%	13.0%	4.1%	4.6%	3.7%	8.4%	7.5%	0.9%	3.8%	6.2%	3.8%	3.3%	0.9%	9.1%	1.4%	1.7%	1.2%	0.9%	0.9%	0.9%
愛知県	2.54	12.6%	1.3%	12.8%	4.2%	4.6%	3.7%	8.4%	7.5%	1.1%	3.8%	6.5%	3.8%	3.4%	1.0%	9.1%	1.4%	1.8%	1.2%	0.9%	0.9%	0.9%
三重県	2.40	12.2%	1.1%	12.1%	4.2%	4.4%	3.4%	8.2%	7.2%	0.9%	3.6%	5.9%	3.6%	3.1%	0.8%	8.6%	1.3%	1.8%	1.1%	0.8%	0.7%	0.8%
滋賀県	2.68	13.0%	1.4%	13.7%	4.2%	4.7%	4.0%	8.4%	7.7%	1.2%	4.0%	6.9%	4.0%	3.7%	1.1%	9.8%	1.5%	1.9%	1.2%	0.9%	0.9%	0.9%
京都府	2.36	12.4%	1.1%	11.1%	4.4%	4.4%	3.4%	8.6%	7.4%	1.1%	3.8%	6.0%	3.8%	2.9%	1.0%	8.2%	1.3%	1.8%	1.2%	0.9%	0.7%	0.7%
大阪府	2.34	12.5%	1.1%	10.8%	4.6%	4.4%	3.3%	8.8%	7.4%	1.1%	3.8%	5.8%	3.8%	2.5%	1.1%	8.1%	1.3%	1.8%	1.1%	0.9%	0.7%	0.6%
兵庫県	2.37	12.4%	1.1%	11.6%	4.5%	4.4%	3.4%	8.6%	7.3%	0.8%	3.5%	5.7%	3.5%	2.9%	0.9%	8.3%	1.3%	1.8%	1.1%	0.7%	0.6%	0.6%
奈良県	2.24	12.2%	1.0%	10.5%	4.6%	4.3%	3.0%	8.7%	7.2%	0.8%	3.5%	5.3%	3.5%	2.5%	0.8%	7.6%	1.2%	1.8%	1.1%	0.7%	0.6%	0.6%
和歌山県	2.19	11.8%	0.8%	11.8%	4.5%	4.3%	2.7%	8.2%	6.5%	0.2%	3.1%	4.3%	3.1%	2.4%	0.3%	7.4%	1.2%	1.7%	0.9%	0.5%	0.4%	0.3%
鳥取県	2.92	13.0%	1.7%	15.5%	3.6%	4.9%	4.6%	7.8%	8.0%	1.5%	4.2%	8.0%	4.2%	4.5%	1.3%	11.0%	1.6%	1.8%	1.2%	1.0%	1.2%	1.5%
島根県	2.55	12.2%	1.3%	13.7%	3.9%	4.6%	3.7%	7.8%	7.2%	0.9%	3.6%	6.3%	3.6%	3.5%	0.9%	9.3%	1.4%	1.7%	1.1%	0.8%	0.8%	1.0%
岡山県	2.52	12.8%	1.3%	12.3%	4.4%	4.6%	3.7%	8.6%	7.7%	1.1%	3.9%	6.4%	3.9%	3.3%	1.1%	9.0%	1.4%	1.8%	1.2%	0.9%	0.9%	0.9%
広島県	2.49	12.5%	1.3%	12.1%	4.2%	4.5%	3.4%	8.7%	7.5%	1.2%	3.9%	6.5%	3.9%	3.0%	1.1%	8.9%	1.4%	1.8%	1.1%	0.9%	0.7%	0.9%
山口県	2.39	12.4%	1.1%	11.6%	4.4%	4.5%	3.4%	8.6%	7.4%	1.0%	3.7%	5.9%	3.7%	3.0%	0.9%	8.4%	1.3%	1.8%	1.1%	0.8%	0.6%	0.7%
徳島県	2.53	12.7%	1.2%	13.1%	4.4%	4.7%	3.6%	8.4%	7.6%	0.8%	3.8%	6.0%	3.8%	3.3%	0.8%	9.0%	1.4%	1.8%	1.1%	0.8%	0.7%	0.8%
香川県	2.29	11.8%	0.8%	12.8%	4.4%	4.4%	2.9%	8.6%	6.5%	0.1%	3.1%	4.5%	3.1%	2.6%	0.2%	7.8%	1.3%	1.6%	1.0%	0.5%	0.4%	0.5%
愛媛県	2.45	12.6%	1.1%	12.1%	4.5%	4.6%	3.4%	8.6%	7.4%	0.9%	3.7%	5.9%	3.7%	3.0%	0.9%	8.6%	1.3%	1.8%	1.1%	0.8%	0.7%	0.7%
高知県	2.62	13.0%	1.5%	12.2%	4.2%	4.6%	4.0%	8.6%	8.1%	1.6%	4.2%	7.3%	4.2%	3.7%	1.4%	9.5%	1.4%	1.9%	1.3%	1.0%	1.1%	1.0%
福岡県	2.41	12.6%	1.3%	10.9%	4.3%	4.4%	3.6%	8.5%	7.6%	1.1%	3.9%	6.0%	3.9%	2.9%	1.1%	8.5%	1.3%	1.8%	1.1%	0.9%	0.7%	0.7%
佐賀県	2.71	13.0%	1.6%	13.1%	4.1%	4.7%	4.2%	8.4%	7.6%	1.4%	4.3%	7.6%	4.3%	3.9%	1.4%	10.0%	1.5%	1.9%	1.2%	1.0%	1.2%	1.2%
長崎県	2.49	12.2%	1.3%	12.8%	4.0%	4.5%	3.7%	7.9%	7.2%	1.1%	3.9%	6.2%	3.9%	3.3%	1.1%	8.9%	1.4%	1.7%	1.1%	0.8%	0.9%	0.9%
熊本県	2.60	12.6%	1.5%	12.4%	4.0%	4.6%	3.8%	8.6%	7.8%	1.4%	4.1%	7.3%	4.1%	3.5%	1.3%	9.5%	1.4%	1.9%	1.2%	1.0%	1.1%	1.1%
大分県	2.52	12.6%	1.5%	10.9%	4.3%	4.5%	3.9%	8.8%	7.8%	1.5%	4.0%	7.3%	4.0%	3.3%	1.4%	9.1%	1.4%	1.8%	1.4%	1.1%	0.9%	1.0%
宮崎県	2.64	12.9%	1.4%	13.3%	4.2%	4.7%	3.9%	8.4%	7.8%	1.4%	4.0%	6.8%	4.0%	3.6%	1.1%	9.6%	1.4%	1.9%	1.3%	0.9%	1.0%	1.0%
鹿児島県	2.56	12.6%	1.5%	12.4%	4.1%	4.5%	4.0%	8.3%	7.8%	1.6%	4.1%	7.2%	4.1%	3.4%	1.4%	9.3%	1.4%	1.8%	1.3%	1.0%	1.0%	1.0%
沖縄県	2.73	13.1%	1.7%	12.8%	4.0%	4.7%	4.4%	8.5%	8.3%	1.9%	4.4%	8.0%	4.4%	4.0%	1.6%	10.1%	1.5%	1.9%	1.4%	1.1%	1.3%	1.3%

22	23	24	25	26	27	28	29	30	31	32	33	34	35	36	37	38	39	40	41	42	43	44	45
英語など外国語の通訳や翻訳を行う	法律や公的な制度についての相談に乗る	差別やいじめを受けている人の相談に乗る	いじめや差別、LGBTへの偏見をなくす活動を行う	外国人と互いの国の文化体験活動などを一緒に行う	外国人の生活を支援する（ごみ出しルールや買い物の情報など）	交通手段がない人を自動車で目的地まで乗せていく	非常時（停電や災害発生時など）にペットの世話を行う	空き家や空き地の修復・維持	非常時（停電や災害発生時など）にいや簡易ベッドなどの設置を手伝う	道路・公園などの清掃・補修	集会所や公民館の清掃・補修などの作業を手伝う	草刈り・補修などの作業を手伝う	窃盗など犯罪の見張り・見回りを手伝う	DV（家庭内暴力）の被害や性被害に合っている人の相談に乗る	平和維持・反戦活動に参加したり、寄付する	戦争から逃れてきた人、難民や紛争地域に住む人の生活支援をしたり寄付する	最近引っ越してきた人の世話をしたり交流する	募りや法事に参加する	同窓会に参加したり母校を訪問する	献血や骨などを提供する（ドナー登録のみを含む）	鬱などの精神疾患がある人、引きこもりや不登校の人などの相談に乗る	手話や点字を覚えたり、それを使って視覚・聴覚障がいのある人と会話する	農産物の加工や農産加工品の販売や森での作業・労働を手伝う
1.1%	1.0%	1.9%	1.3%	0.6%	0.9%	3.0%	0.8%	0.4%	0.9%	6.7%	2.9%	0.7%	0.6%	1.4%	0.9%	1.7%	18.7%	4.3%	4.4%	3.5%	1.8%	6.2%	1.5%
1.0%	0.8%	1.4%	1.2%	0.6%	0.8%	2.5%	0.7%	0.3%	0.7%	5.6%	2.3%	0.6%	0.3%	1.2%	0.8%	1.6%	17.8%	4.3%	4.4%	3.3%	1.7%	4.7%	1.0%
1.1%	1.1%	2.5%	1.4%	0.6%	1.0%	3.8%	0.9%	0.7%	1.2%	9.4%	4.0%	0.7%	0.4%	1.3%	0.9%	1.5%	19.7%	3.8%	4.1%	3.4%	1.7%	9.6%	2.2%
0.9%	0.9%	2.2%	1.4%	0.4%	1.0%	3.5%	0.8%	0.6%	1.2%	9.1%	3.8%	0.7%	0.6%	1.2%	0.8%	1.4%	19.6%	3.7%	4.1%	3.3%	1.6%	9.0%	1.9%
1.1%	1.0%	2.4%	1.3%	0.5%	1.0%	3.2%	0.8%	0.5%	1.0%	7.5%	3.2%	0.7%	0.4%	1.3%	0.9%	1.7%	18.9%	4.1%	4.3%	3.4%	1.7%	7.1%	1.7%
0.6%	0.6%	1.5%	1.2%	0.4%	0.9%	3.0%	0.5%	0.4%	1.1%	8.3%	3.4%	0.7%	0.2%	0.9%	0.5%	1.6%	18.8%	3.3%	4.0%	2.9%	1.4%	7.6%	1.2%
1.1%	1.2%	2.9%	1.5%	0.3%	1.0%	4.1%	1.0%	0.8%	1.4%	10.4%	4.4%	0.7%	0.4%	1.6%	0.9%	1.6%	19.9%	3.6%	3.9%	3.4%	1.7%	10.9%	2.6%
1.1%	1.1%	2.4%	1.4%	0.4%	1.0%	3.6%	0.9%	0.6%	1.2%	8.8%	3.8%	0.7%	0.4%	1.3%	0.9%	1.6%	19.5%	3.9%	4.2%	3.4%	1.7%	8.8%	2.1%
1.1%	1.0%	2.0%	1.4%	0.5%	0.9%	3.2%	0.8%	0.5%	1.0%	7.6%	3.2%	0.7%	0.6%	1.3%	0.9%	1.7%	19.2%	4.2%	4.4%	3.5%	1.7%	7.2%	1.7%
0.9%	0.9%	1.6%	1.3%	0.6%	0.9%	2.9%	0.6%	0.4%	0.9%	7.4%	3.0%	0.7%	0.3%	1.1%	0.7%	1.4%	18.7%	3.9%	4.2%	3.2%	1.6%	6.7%	1.3%
1.1%	1.0%	1.8%	1.3%	0.6%	0.9%	2.9%	0.8%	0.4%	0.9%	6.6%	2.8%	0.7%	0.5%	1.3%	0.9%	1.5%	18.6%	4.3%	4.4%	3.5%	1.7%	6.0%	1.3%
1.2%	0.9%	1.9%	1.3%	0.6%	0.8%	2.7%	0.7%	0.5%	0.7%	5.5%	2.3%	0.7%	0.4%	1.4%	0.9%	1.5%	18.7%	4.7%	4.8%	3.6%	1.8%	4.6%	1.1%
1.2%	0.9%	1.3%	1.3%	0.7%	0.8%	2.3%	0.7%	0.2%	0.6%	4.3%	1.8%	0.6%	0.4%	1.4%	0.7%	1.6%	17.5%	4.8%	4.7%	3.6%	1.8%	3.2%	0.9%
1.2%	1.0%	1.5%	1.3%	0.7%	0.8%	2.6%	0.8%	0.3%	0.6%	5.0%	2.1%	0.7%	0.3%	1.5%	0.9%	2.0%	18.6%	4.9%	4.9%	3.7%	1.9%	4.0%	1.1%
0.7%	0.7%	1.9%	1.3%	0.3%	0.9%	3.4%	0.6%	0.5%	1.2%	9.4%	3.9%	0.7%	0.3%	1.0%	0.6%	1.1%	19.6%	3.3%	4.0%	3.0%	1.5%	9.0%	1.1%
1.3%	1.4%	3.1%	1.6%	0.4%	1.1%	4.2%	1.1%	0.9%	1.3%	9.9%	4.3%	0.7%	1.1%	1.6%	1.1%	1.9%	20.3%	4.1%	4.2%	3.4%	1.7%	10.5%	2.7%
1.3%	1.1%	2.1%	1.4%	0.4%	0.9%	3.2%	0.9%	0.6%	0.9%	6.9%	3.3%	0.7%	0.4%	1.5%	1.0%	1.9%	18.9%	4.5%	4.3%	3.6%	1.6%	6.4%	1.7%
0.4%	0.4%	1.4%	1.2%	0.3%	0.9%	3.2%	0.4%	0.4%	1.3%	9.9%	3.9%	0.7%	0.0%	0.7%	0.4%	0.7%	20.4%	3.1%	4.1%	2.9%	1.3%	9.0%	1.1%
0.5%	0.4%	0.8%	1.1%	0.4%	0.9%	2.5%	0.3%	0.2%	1.0%	7.4%	2.9%	0.7%	-0.1%	0.7%	0.4%	0.7%	18.6%	3.3%	4.2%	2.8%	1.3%	6.1%	0.6%
1.1%	1.1%	2.4%	1.4%	0.4%	0.9%	3.5%	0.9%	0.6%	1.1%	8.7%	3.7%	0.7%	0.7%	1.3%	0.9%	1.6%	19.1%	4.0%	4.0%	3.3%	1.7%	8.7%	2.0%
1.2%	1.2%	2.9%	1.5%	0.4%	1.0%	4.0%	1.0%	0.6%	1.3%	9.6%	4.1%	0.7%	0.4%	1.5%	0.9%	1.7%	19.4%	3.8%	4.2%	3.4%	1.7%	10.1%	2.5%
1.1%	1.0%	2.2%	1.4%	0.5%	1.0%	3.4%	0.8%	0.6%	1.1%	8.3%	3.5%	0.7%	0.6%	1.3%	0.9%	1.6%	19.6%	4.1%	4.3%	3.5%	1.7%	8.1%	1.8%
1.1%	1.1%	2.3%	1.4%	0.5%	1.0%	3.4%	0.8%	0.6%	1.0%	7.9%	3.4%	0.7%	0.4%	1.4%	0.9%	1.7%	19.1%	4.1%	4.3%	3.4%	1.8%	7.8%	1.9%
1.0%	0.9%	2.0%	1.3%	0.6%	0.9%	3.1%	0.8%	0.5%	1.0%	8.7%	3.4%	0.7%	0.4%	1.4%	0.9%	1.6%	18.7%	4.0%	4.2%	3.4%	1.7%	8.3%	2.2%
1.1%	1.0%	1.7%	1.3%	0.6%	0.8%	2.8%	0.8%	0.4%	0.8%	6.2%	2.6%	0.7%	0.5%	1.4%	0.9%	1.8%	18.5%	4.4%	4.5%	3.5%	1.8%	5.6%	1.3%
1.1%	0.9%	1.6%	1.3%	0.6%	0.8%	2.7%	0.8%	0.3%	0.8%	5.9%	2.5%	0.7%	0.4%	1.4%	0.9%	1.8%	18.5%	4.6%	4.7%	3.5%	1.8%	5.0%	1.2%
1.0%	0.9%	1.7%	1.3%	0.6%	0.9%	2.9%	0.7%	0.4%	0.8%	5.9%	2.4%	0.7%	0.4%	1.3%	0.8%	1.6%	19.1%	4.3%	4.5%	3.4%	1.7%	6.2%	1.3%
1.0%	0.8%	1.3%	1.2%	0.6%	0.8%	2.6%	0.6%	0.3%	0.8%	5.9%	2.4%	0.7%	0.3%	1.3%	0.8%	1.6%	18.5%	4.3%	4.5%	3.4%	1.7%	4.8%	0.9%
0.6%	0.5%	1.2%	1.2%	0.4%	0.9%	2.8%	0.4%	0.3%	1.0%	8.0%	3.2%	0.7%	0.0%	0.9%	0.3%	1.1%	19.7%	3.7%	4.4%	3.1%	1.5%	6.8%	0.9%
1.4%	1.5%	3.5%	1.6%	0.3%	1.1%	4.4%	1.2%	1.0%	1.4%	10.3%	4.6%	0.7%	1.3%	1.6%	1.1%	1.9%	19.2%	3.8%	3.7%	3.5%	1.8%	11.5%	3.1%
1.0%	1.0%	2.5%	1.4%	0.4%	1.0%	3.7%	0.9%	0.7%	1.2%	9.2%	3.9%	0.7%	0.7%	1.3%	0.9%	1.5%	19.1%	4.3%	4.5%	3.3%	1.6%	9.4%	2.1%
1.2%	1.1%	2.1%	1.4%	0.6%	0.9%	3.2%	0.9%	0.5%	0.9%	7.2%	3.1%	0.7%	0.4%	1.4%	0.9%	1.8%	19.1%	4.4%	4.5%	3.6%	1.6%	6.9%	1.8%
1.1%	1.1%	2.2%	1.4%	0.5%	0.9%	3.2%	0.9%	0.5%	0.9%	7.1%	3.1%	0.7%	0.4%	1.4%	0.9%	1.8%	18.4%	4.3%	4.3%	3.6%	1.7%	6.9%	1.8%
1.1%	0.9%	1.8%	1.3%	0.6%	0.9%	3.0%	0.8%	0.4%	0.9%	6.8%	2.9%	0.7%	0.3%	1.3%	0.8%	1.8%	18.9%	4.3%	4.5%	3.5%	1.7%	6.1%	1.4%
1.0%	1.0%	2.1%	1.4%	0.5%	0.9%	3.4%	0.9%	0.5%	1.1%	8.5%	3.6%	0.7%	0.4%	1.3%	0.9%	1.8%	18.5%	4.3%	4.5%	3.4%	1.7%	8.1%	1.7%
0.6%	0.6%	1.5%	1.3%	0.4%	0.9%	3.1%	0.5%	0.4%	1.0%	7.3%	3.1%	0.7%	0.1%	0.9%	0.4%	1.1%	20.0%	4.3%	4.5%	3.1%	1.5%	8.2%	1.2%
1.1%	0.9%	1.8%	1.3%	0.6%	0.9%	3.1%	0.8%	0.4%	0.9%	7.3%	3.1%	0.7%	0.4%	1.3%	0.8%	1.7%	19.5%	4.3%	4.5%	3.5%	1.7%	6.7%	1.5%
1.4%	1.3%	2.5%	1.5%	0.4%	0.9%	3.3%	1.1%	0.6%	0.9%	6.7%	3.0%	0.7%	0.9%	1.7%	1.1%	2.1%	18.4%	4.6%	4.4%	3.7%	1.9%	6.8%	2.1%
1.3%	1.1%	2.0%	1.3%	0.6%	0.9%	3.3%	0.9%	0.5%	0.7%	5.7%	2.5%	0.6%	0.7%	1.5%	1.0%	2.1%	17.8%	4.6%	4.4%	3.6%	1.9%	5.3%	1.6%
1.4%	1.4%	2.8%	1.5%	0.5%	0.9%	3.6%	1.0%	0.6%	1.0%	7.7%	3.4%	0.7%	1.1%	1.7%	1.1%	1.9%	18.8%	4.4%	4.2%	3.6%	1.9%	8.1%	2.4%
1.1%	1.0%	2.3%	1.4%	0.4%	0.9%	3.4%	0.9%	0.6%	1.1%	8.2%	3.5%	0.7%	0.4%	1.5%	0.9%	1.8%	18.6%	3.9%	4.4%	3.3%	1.7%	8.2%	1.9%
1.4%	1.3%	2.6%	1.4%	0.6%	0.9%	3.4%	1.0%	0.6%	1.0%	7.1%	3.2%	0.7%	0.6%	1.6%	1.1%	1.8%	18.0%	4.4%	4.3%	3.7%	1.9%	7.3%	2.2%
1.5%	1.3%	2.2%	1.4%	0.7%	0.8%	3.6%	1.0%	0.7%	1.1%	8.3%	3.6%	0.7%	0.8%	1.5%	1.0%	1.8%	19.4%	4.2%	4.3%	3.6%	1.8%	8.4%	2.5%
1.4%	1.3%	2.5%	1.4%	0.6%	0.9%	3.3%	1.1%	0.6%	0.9%	6.6%	3.0%	0.6%	0.8%	1.6%	1.0%	2.1%	17.8%	4.5%	4.2%	3.6%	1.9%	6.7%	2.1%
1.6%	1.5%	2.9%	1.5%	0.6%	0.9%	3.6%	1.2%	0.8%	0.9%	7.0%	3.2%	0.6%	1.2%	1.8%	1.2%	2.3%	18.0%	4.6%	4.2%	3.8%	2.0%	7.6%	2.5%

参考表（1）b　都道府県別活動項目別活動実施率

	46 飲食店や飲食コーナーの運営を手伝う	47 観光客や修学旅行者を家に泊める（民泊）	48 海外での水道や建物建設、農産物やものづくりを支援する	49 河川・水路・池・側溝等の清掃・補修作業を行う	50 非常時（停電や災害発生時など）にトイレ、入浴設備の提供や設置を行う	51 非常時（停電や災害発生時など）に雨水や処理水などの未利用水を提供する	52 途上国の上下水道設備の設置を手伝ったり、資金を寄付する	53 節電や省エネ活動に参加する	54 太陽光発電や風力発電、小水力発電など自然エネルギー設備に出資する	55 太陽光パネルや風車、水力発電装置などの設備を作ったり維持管理する	56 お勧めの名産品や販売店の情報を教える	57 就職したり、転職したりする際に推薦状を書く	58 仕事や就職先、バイトを案内したり、説明する（パート、アルバイトを含む）	59 観光客、訪問者に現地を案内したり説明する（観光ガイド）	60 名産品やB級グルメの店を教える	61 企業や商店・公共施設での就労体験（インターンシップ）を行う	62 地場産品や伝統工芸品などの開発・販売を行う	63 地域情報をスマホやブログ、放送・新聞等で発信する	64 名所や特産品、地域特徴的な活動を宣伝するイベントを企画・運営する	65 不当労働行為や過重労働をなくす運動に参加する	66 お金に関するアドバイス（保険や投資、借金など）をする
合計	3.6%	1.2%	1.8%	2.2%	5.4%	2.2%	0.9%	9.8%	1.0%	1.3%	4.0%	0.8%	3.2%	1.1%	2.7%	0.7%	0.6%	0.9%	0.7%	0.3%	2.1%
北海道	2.7%	1.0%	1.7%	1.8%	4.6%	1.8%	0.8%	9.8%	0.9%	1.3%	3.7%	0.8%	3.1%	1.0%	2.4%	0.6%	0.4%	0.7%	0.6%	0.3%	2.2%
青森県	4.7%	1.5%	2.0%	2.3%	8.0%	2.3%	0.9%	9.2%	1.1%	1.3%	3.8%	0.7%	3.1%	0.9%	3.0%	0.8%	0.8%	0.9%	0.8%	0.3%	1.9%
岩手県	4.2%	1.4%	2.1%	1.9%	7.9%	1.9%	0.9%	9.4%	1.1%	1.4%	3.4%	0.7%	3.0%	0.8%	2.8%	0.7%	0.7%	0.7%	0.8%	0.3%	2.0%
宮城県	3.8%	1.3%	1.8%	2.2%	6.2%	2.2%	0.9%	9.6%	1.1%	1.3%	3.9%	0.7%	3.2%	1.0%	2.7%	0.7%	0.6%	0.9%	0.7%	0.3%	2.1%
秋田県	3.0%	1.3%	2.1%	1.2%	7.6%	1.2%	0.8%	9.7%	0.9%	1.4%	2.5%	0.7%	3.4%	0.5%	2.3%	0.5%	0.6%	0.3%	0.7%	0.1%	1.9%
山形県	5.4%	1.6%	2.0%	2.5%	8.7%	2.5%	0.9%	8.8%	1.2%	1.3%	3.9%	0.7%	3.0%	0.9%	3.2%	0.9%	0.9%	1.0%	0.9%	0.4%	1.8%
福島県	4.5%	1.5%	1.9%	2.3%	7.3%	2.3%	0.9%	9.3%	1.1%	1.3%	4.0%	0.7%	3.1%	1.0%	3.0%	0.8%	0.8%	0.9%	0.8%	0.3%	2.1%
茨城県	3.9%	1.3%	1.9%	2.2%	6.3%	2.2%	0.9%	9.8%	1.1%	1.4%	3.9%	0.8%	3.2%	1.1%	2.6%	0.7%	0.6%	0.8%	0.8%	0.3%	2.1%
栃木県	3.5%	1.2%	1.8%	2.0%	5.9%	2.0%	0.9%	9.9%	1.0%	1.4%	3.8%	0.8%	3.2%	1.0%	2.6%	0.7%	0.6%	0.7%	0.7%	0.3%	2.1%
群馬県	3.2%	1.2%	1.9%	1.7%	6.4%	1.7%	0.9%	9.8%	0.9%	1.4%	3.3%	0.7%	3.0%	0.8%	2.5%	0.6%	0.6%	0.6%	0.7%	0.2%	2.1%
埼玉県	3.5%	1.2%	1.8%	2.1%	5.4%	2.1%	0.9%	9.8%	1.0%	1.4%	4.0%	0.8%	3.2%	1.1%	2.7%	0.7%	0.6%	0.9%	0.6%	0.3%	2.1%
千葉県	3.0%	1.1%	1.7%	2.1%	4.3%	2.1%	0.9%	10.4%	1.0%	1.4%	4.2%	0.8%	3.4%	1.2%	2.6%	0.7%	0.5%	0.9%	0.6%	0.3%	2.1%
東京都	2.6%	0.9%	1.5%	2.1%	3.2%	2.1%	0.9%	10.1%	1.0%	1.3%	4.2%	0.8%	3.4%	1.3%	2.4%	0.7%	0.4%	0.9%	0.5%	0.3%	2.1%
神奈川県	2.9%	1.0%	1.6%	2.3%	3.8%	2.3%	0.9%	10.5%	1.0%	1.4%	4.5%	0.9%	3.5%	1.3%	2.6%	0.7%	0.4%	1.0%	0.6%	0.4%	2.3%
新潟県	3.7%	1.4%	2.2%	1.5%	8.5%	1.5%	0.8%	9.6%	1.0%	1.1%	2.7%	0.7%	2.8%	0.5%	2.6%	0.5%	0.7%	0.4%	0.8%	0.2%	1.9%
富山県	5.7%	1.6%	2.0%	2.9%	7.9%	2.9%	1.0%	9.1%	1.3%	1.3%	4.7%	0.7%	3.3%	1.2%	3.4%	1.0%	0.9%	1.3%	0.9%	0.5%	1.9%
石川県	4.0%	1.3%	1.7%	2.5%	5.4%	2.5%	0.9%	9.7%	1.1%	1.3%	4.4%	0.8%	3.3%	1.2%	2.9%	0.8%	0.6%	1.1%	0.7%	0.4%	2.1%
福井県	3.0%	1.4%	2.4%	1.9%	9.5%	1.9%	0.8%	10.4%	0.8%	1.5%	1.9%	0.6%	2.7%	0.2%	2.3%	0.3%	0.6%	0.0%	0.7%	0.0%	2.2%
山梨県	2.0%	1.2%	2.1%	0.7%	7.2%	0.7%	0.7%	10.2%	0.7%	1.1%	1.9%	0.7%	2.7%	0.3%	1.9%	0.3%	0.4%	0.0%	0.7%	0.0%	1.9%
長野県	4.4%	1.4%	1.9%	2.2%	7.3%	2.2%	0.9%	9.1%	1.1%	1.3%	3.8%	0.7%	3.0%	0.9%	2.9%	0.8%	0.8%	0.9%	0.7%	0.3%	1.9%
岐阜県	5.3%	1.6%	1.9%	2.6%	7.8%	2.6%	0.9%	9.3%	1.2%	1.3%	4.0%	0.7%	3.1%	1.0%	3.2%	0.9%	0.8%	0.9%	0.8%	0.4%	1.8%
静岡県	4.1%	1.4%	2.0%	2.2%	6.9%	2.2%	0.9%	9.7%	1.1%	1.4%	3.9%	0.7%	3.1%	1.0%	2.9%	0.8%	0.7%	0.8%	0.7%	0.3%	2.1%
愛知県	4.2%	1.4%	1.8%	2.4%	6.4%	2.4%	0.9%	9.4%	1.1%	1.3%	4.1%	0.7%	3.1%	1.1%	2.9%	0.8%	0.7%	0.9%	0.7%	0.4%	2.0%
三重県	3.7%	1.3%	1.9%	2.0%	6.3%	2.0%	0.9%	9.5%	1.0%	1.3%	3.7%	0.7%	3.1%	0.9%	2.7%	0.7%	0.6%	0.9%	0.7%	0.3%	2.0%
滋賀県	4.8%	1.5%	1.9%	2.6%	7.0%	2.6%	0.9%	9.1%	1.3%	1.3%	4.3%	0.7%	3.3%	1.1%	3.1%	0.9%	0.8%	0.9%	0.8%	0.4%	1.9%
京都府	3.3%	1.1%	1.7%	2.2%	5.0%	2.2%	0.9%	9.9%	1.0%	1.3%	4.1%	0.8%	3.3%	1.1%	2.6%	0.7%	0.6%	0.9%	0.6%	0.3%	2.2%
大阪府	3.1%	1.1%	1.7%	2.1%	4.8%	2.1%	0.9%	10.3%	1.0%	1.4%	4.1%	0.8%	3.4%	1.2%	2.6%	0.7%	0.6%	0.9%	0.6%	0.3%	2.2%
兵庫県	3.3%	1.2%	1.9%	1.9%	5.9%	1.9%	0.9%	9.7%	1.0%	1.4%	3.7%	0.8%	3.2%	1.1%	2.6%	0.7%	0.6%	0.9%	0.7%	0.3%	2.1%
奈良県	2.6%	1.1%	1.8%	1.7%	5.0%	1.7%	0.9%	10.5%	0.9%	1.4%	3.6%	0.8%	3.3%	1.0%	2.4%	0.7%	0.6%	0.9%	0.6%	0.2%	2.3%
和歌山県	2.6%	1.2%	2.2%	1.1%	7.4%	1.1%	0.9%	10.6%	0.8%	1.5%	2.7%	0.7%	2.9%	0.5%	2.3%	0.4%	0.5%	0.7%	0.8%	0.3%	2.3%
鳥取県	6.3%	1.7%	1.8%	3.2%	8.1%	3.2%	1.0%	7.9%	1.4%	1.4%	4.7%	0.7%	3.1%	1.2%	3.5%	1.1%	1.0%	1.4%	0.9%	0.5%	1.6%
島根県	4.6%	1.5%	2.0%	2.2%	7.8%	2.2%	0.9%	8.9%	1.1%	1.3%	3.7%	0.7%	3.0%	0.8%	2.8%	0.8%	0.8%	0.8%	0.8%	0.3%	1.8%
岡山県	3.8%	1.2%	1.8%	2.4%	5.8%	2.4%	0.9%	9.8%	1.1%	1.3%	3.7%	0.7%	3.1%	1.0%	2.6%	0.7%	0.6%	0.9%	0.7%	0.4%	2.1%
広島県	4.1%	1.3%	1.8%	2.5%	5.6%	2.5%	0.9%	9.3%	1.1%	1.4%	4.3%	0.8%	3.4%	1.1%	2.9%	0.8%	0.6%	1.1%	0.6%	0.4%	2.0%
山口県	3.4%	1.2%	1.8%	2.1%	5.6%	2.1%	0.9%	10.0%	1.0%	1.3%	3.9%	0.8%	3.4%	1.0%	2.7%	0.7%	0.6%	0.8%	0.7%	0.3%	2.2%
徳島県	4.0%	1.4%	2.0%	2.0%	7.3%	2.0%	0.9%	10.0%	1.1%	1.4%	3.7%	0.7%	3.2%	0.9%	2.8%	0.7%	0.7%	0.8%	0.8%	0.3%	2.1%
香川県	3.4%	1.4%	2.3%	1.1%	8.4%	1.1%	0.8%	10.3%	0.9%	1.5%	2.5%	0.7%	2.9%	0.5%	2.4%	0.4%	0.6%	0.7%	0.8%	0.1%	2.2%
愛媛県	3.6%	1.3%	1.6%	2.9%	5.0%	2.9%	0.9%	10.2%	1.0%	1.4%	3.8%	0.8%	3.4%	0.9%	2.6%	0.6%	0.6%	0.8%	0.5%	0.3%	2.0%
高知県	4.5%	1.4%	1.6%	2.9%	4.9%	2.9%	0.9%	9.2%	1.2%	1.4%	5.0%	0.8%	3.4%	1.4%	3.0%	1.0%	0.8%	1.3%	0.7%	0.5%	2.0%
福岡県	3.7%	1.1%	1.5%	2.6%	4.2%	2.6%	0.9%	9.4%	1.1%	1.4%	4.6%	0.8%	3.3%	1.3%	2.7%	0.8%	0.6%	1.2%	0.6%	0.4%	2.1%
佐賀県	4.2%	1.4%	1.8%	3.0%	5.7%	3.0%	0.9%	8.8%	1.3%	1.2%	5.0%	0.8%	3.4%	1.3%	3.1%	0.9%	0.7%	1.4%	0.7%	0.5%	1.9%
長崎県	4.3%	1.4%	1.8%	3.2%	6.8%	2.2%	0.9%	8.7%	1.3%	1.3%	4.6%	0.8%	3.3%	1.3%	3.0%	0.8%	0.7%	0.8%	0.8%	0.3%	1.9%
熊本県	4.7%	1.3%	1.6%	2.9%	5.2%	2.9%	0.9%	8.7%	1.2%	1.3%	4.8%	0.8%	3.4%	1.3%	3.0%	0.9%	0.7%	1.3%	0.7%	0.4%	2.0%
大分県	4.0%	1.1%	1.4%	3.0%	3.3%	3.0%	0.9%	9.3%	1.1%	1.4%	5.3%	0.8%	3.4%	1.5%	2.9%	1.0%	0.6%	1.4%	0.6%	0.5%	2.0%
宮崎県	4.5%	1.4%	1.6%	2.5%	6.7%	2.5%	0.9%	8.8%	1.3%	1.4%	4.3%	0.7%	3.4%	1.3%	3.0%	0.9%	0.7%	1.4%	0.8%	0.4%	2.0%
鹿児島県	4.5%	1.2%	1.5%	2.9%	6.0%	2.9%	0.9%	8.8%	1.2%	1.2%	4.9%	0.8%	3.4%	1.4%	3.0%	0.9%	0.7%	1.3%	0.7%	0.5%	1.9%
沖縄県	5.2%	1.3%	1.5%	3.3%	4.9%	3.3%	1.0%	8.5%	1.3%	1.2%	5.4%	0.8%	3.4%	1.5%	3.2%	1.1%	0.8%	1.6%	0.6%	0.6%	1.8%

67	68	69	70	71	72	73	74	75	76	77	78	79	80	81	82	83	84	85	86	87	88	89	90
パソコンやWi-Fiルータ、スマホなどの情報機器を貸す	新たな仕事（会社）を始める〈起業する〉	AIやロボット活用のアイデアを考えたりシステムを開発する	パソコンや家電製品のトラブルを解決する	壊れた家具や自転車を修理する	防災・防犯マップ製作など地域の安全性調査を行う	防災・防犯グッズを製作したり、その活動に寄付する	災害や火事、事故発生時の避難・救護、復旧活動を手伝う	非常時、（停電や災害発生時など）に炊き出しや生活用品の配布を手伝う	自分の家以外の空や木の栽培・植樹や手入れを手伝う	自分の家以外のごみの分別・運搬・廃業を手伝う	店や工場で発生する不要品や食材を寄付する	余り食材・賞味期限切れ前の日曜品や美術品などを作る	廃品回収やリサイクル活動に参加する	野生の生物を観察したり保護する活動に参加する	海辺の清掃・維持管理する活動に参加する	プラスチックの製品や包装を使わない活動に参加する	まちの理想像や将来計画づくりに参加する	音楽や劇、郷土芸能、ストリートパフォーマンスなどを人前で行う	地域の伝統的な祭りや行事へ参加する	歴史的遺産・建築物を保護する活動を行う	自分が描いた絵、彫刻、アニメなどを人目に触れる場に置く	芸術作品や音楽を作り、人目に触れる形で公表する	学校の土地・建物を、行政やNPO法人に無料で貸す
1.8%	1.1%	0.4%	4.6%	2.8%	0.9%	0.5%	0.5%	2.4%	0.3%	3.4%	0.2%	1.5%	4.8%	0.7%	1.5%	1.7%	0.7%	1.5%	4.8%	0.7%	1.2%	1.5%	0.4%
1.5%	1.1%	0.3%	4.5%	2.8%	0.8%	0.4%	0.3%	2.3%	0.2%	3.2%	0.2%	1.5%	4.4%	0.6%	1.0%	1.6%	0.6%	1.1%	4.4%	0.5%	1.0%	1.5%	0.4%
1.9%	0.9%	0.5%	4.1%	2.8%	1.0%	0.5%	0.6%	2.4%	0.7%	3.8%	0.3%	1.3%	5.5%	0.8%	2.2%	2.0%	0.8%	2.1%	5.8%	0.6%	1.5%	1.3%	0.4%
1.7%	0.8%	0.4%	4.1%	2.8%	0.9%	0.5%	0.5%	2.3%	0.6%	3.8%	0.3%	1.4%	5.4%	0.7%	1.8%	2.0%	0.8%	1.8%	5.8%	0.5%	1.3%	1.4%	0.3%
1.8%	1.0%	0.4%	4.4%	2.8%	0.9%	0.5%	0.5%	2.4%	0.4%	3.5%	0.3%	1.4%	5.0%	0.7%	1.7%	1.8%	0.8%	1.6%	5.1%	0.6%	1.3%	1.4%	0.4%
1.1%	0.7%	0.1%	4.0%	2.7%	0.7%	0.3%	0.2%	2.1%	0.4%	3.6%	0.2%	1.5%	5.0%	0.5%	1.0%	1.9%	0.7%	1.2%	5.5%	0.1%	0.9%	1.5%	0.4%
2.1%	0.8%	0.6%	3.9%	2.7%	1.0%	0.6%	0.8%	2.5%	0.8%	3.9%	0.3%	1.2%	5.7%	0.9%	2.6%	2.0%	0.9%	2.4%	6.1%	0.8%	1.7%	1.2%	0.4%
1.9%	0.9%	0.5%	4.2%	2.8%	1.0%	0.5%	0.6%	2.4%	0.6%	3.7%	0.3%	1.4%	5.3%	0.8%	2.1%	1.9%	0.8%	2.0%	5.6%	0.7%	1.5%	1.3%	0.4%
1.8%	1.0%	0.4%	4.5%	2.8%	0.9%	0.5%	0.5%	2.4%	0.4%	3.5%	0.3%	1.4%	5.1%	0.7%	1.7%	1.8%	0.8%	1.8%	5.2%	0.6%	1.3%	1.4%	0.4%
1.7%	1.1%	0.3%	4.5%	2.9%	0.9%	0.5%	0.4%	2.4%	0.3%	3.5%	0.2%	1.5%	4.9%	0.7%	1.4%	1.8%	0.7%	1.4%	5.0%	0.6%	1.2%	1.5%	0.4%
1.4%	0.9%	0.2%	4.3%	2.8%	0.8%	0.4%	0.3%	2.2%	0.3%	3.5%	0.2%	1.5%	4.8%	0.6%	1.2%	1.7%	0.7%	1.3%	5.1%	0.4%	1.1%	1.5%	0.4%
1.8%	1.1%	0.4%	4.6%	2.8%	0.9%	0.5%	0.4%	2.4%	0.3%	3.4%	0.2%	1.6%	4.8%	0.6%	1.4%	1.7%	0.7%	1.6%	4.8%	0.6%	1.2%	1.5%	0.4%
1.7%	1.3%	0.3%	4.9%	3.0%	0.9%	0.4%	0.3%	2.5%	0.2%	3.3%	0.2%	1.6%	4.6%	0.6%	1.2%	1.8%	0.7%	1.2%	4.4%	0.6%	1.1%	1.6%	0.4%
1.7%	1.3%	0.3%	4.9%	2.9%	0.9%	0.4%	0.3%	2.4%	0.1%	3.0%	0.2%	1.6%	4.2%	0.6%	1.0%	1.4%	0.6%	1.0%	3.8%	0.1%	1.0%	1.6%	0.5%
1.8%	1.4%	0.4%	5.1%	3.0%	0.9%	0.5%	0.4%	2.5%	0.3%	3.2%	0.2%	1.6%	4.5%	0.7%	1.1%	1.8%	0.6%	1.1%	4.2%	0.7%	1.1%	1.6%	0.5%
1.3%	0.7%	0.2%	3.9%	2.7%	0.8%	0.4%	0.5%	2.2%	0.5%	3.8%	0.2%	1.5%	5.3%	0.6%	1.5%	2.0%	0.8%	1.5%	5.0%	0.6%	1.0%	1.4%	0.2%
2.4%	1.0%	0.7%	4.3%	2.8%	1.1%	0.7%	0.8%	2.7%	0.8%	3.9%	0.4%	1.2%	5.8%	1.0%	2.8%	2.0%	0.9%	2.6%	5.9%	1.0%	1.8%	1.2%	0.5%
2.0%	1.2%	0.5%	4.6%	2.9%	1.0%	0.5%	0.6%	2.6%	0.4%	3.4%	0.3%	1.4%	4.9%	0.8%	1.8%	1.7%	0.8%	1.7%	4.8%	0.8%	1.4%	1.4%	0.5%
0.8%	0.5%	-0.1%	4.0%	2.9%	0.7%	0.3%	0.2%	2.1%	0.4%	4.1%	0.2%	1.7%	5.5%	0.4%	0.9%	2.2%	0.8%	1.7%	6.4%	-0.1%	0.8%	1.6%	0.1%
0.7%	0.7%	-0.1%	4.1%	2.8%	0.6%	0.2%	0.0%	2.0%	0.1%	3.6%	0.1%	1.7%	4.7%	0.4%	0.6%	1.9%	0.6%	0.7%	5.4%	-0.1%	0.6%	1.7%	0.1%
1.9%	0.9%	0.5%	4.1%	2.7%	1.0%	0.5%	0.6%	2.4%	0.6%	3.6%	0.3%	1.3%	5.2%	0.8%	2.0%	1.9%	0.8%	1.9%	5.5%	0.7%	1.4%	1.3%	0.4%
2.2%	0.9%	0.6%	4.0%	2.7%	1.1%	0.6%	0.7%	2.5%	0.4%	3.7%	0.3%	1.4%	5.5%	0.9%	2.5%	1.9%	0.9%	2.4%	5.7%	0.8%	1.7%	1.2%	0.5%
1.8%	1.0%	0.4%	4.4%	2.9%	1.0%	0.5%	0.5%	2.4%	0.5%	3.5%	0.3%	1.5%	5.3%	0.8%	1.8%	1.8%	0.8%	2.0%	5.5%	0.7%	1.4%	1.4%	0.4%
1.9%	1.0%	0.5%	4.4%	2.8%	1.0%	0.5%	0.5%	2.4%	0.5%	3.5%	0.3%	1.4%	5.1%	0.8%	1.9%	1.8%	0.8%	1.8%	5.2%	0.7%	1.4%	1.4%	0.4%
1.7%	1.0%	0.4%	4.3%	2.8%	0.9%	0.5%	0.5%	2.3%	0.4%	3.4%	0.3%	1.4%	5.0%	0.7%	1.6%	1.6%	0.7%	1.6%	5.1%	0.6%	1.2%	1.4%	0.4%
2.1%	1.0%	0.6%	4.3%	2.8%	1.0%	0.6%	0.7%	2.6%	0.7%	3.7%	0.3%	1.3%	5.4%	0.8%	2.3%	1.9%	0.8%	2.1%	5.5%	0.8%	1.6%	1.3%	0.5%
1.8%	1.2%	0.4%	4.7%	2.9%	0.9%	0.4%	0.4%	2.4%	0.3%	3.3%	0.2%	1.5%	4.7%	0.7%	1.4%	1.7%	0.7%	1.3%	4.6%	0.6%	1.2%	1.5%	0.5%
1.7%	1.2%	0.3%	4.8%	2.9%	0.9%	0.4%	0.4%	2.4%	0.2%	3.2%	0.2%	1.6%	4.6%	0.7%	1.2%	1.7%	0.7%	1.2%	4.6%	0.6%	1.1%	1.4%	0.5%
1.6%	1.1%	0.3%	4.6%	2.9%	0.9%	0.4%	0.4%	2.4%	0.4%	3.5%	0.2%	1.6%	4.9%	0.7%	1.3%	1.8%	0.7%	1.3%	5.0%	0.5%	1.2%	1.6%	0.4%
1.4%	1.1%	0.2%	4.8%	3.0%	0.8%	0.4%	0.2%	2.3%	0.1%	3.4%	0.2%	1.7%	4.6%	0.6%	1.0%	1.8%	0.7%	1.0%	4.7%	0.4%	1.0%	1.7%	0.4%
1.0%	0.8%	0.4%	4.9%	2.9%	0.7%	0.3%	0.2%	2.2%	0.2%	3.7%	0.2%	1.7%	5.0%	0.6%	1.0%	2.0%	0.7%	1.0%	5.0%	0.4%	1.0%	1.7%	0.2%
2.6%	0.9%	0.8%	3.8%	2.5%	1.2%	0.7%	1.0%	2.6%	1.0%	3.7%	0.4%	1.0%	5.7%	1.0%	3.3%	1.9%	0.9%	2.9%	5.8%	1.1%	2.0%	1.0%	0.6%
1.9%	0.8%	0.5%	4.0%	2.7%	1.0%	0.5%	0.7%	2.5%	0.5%	3.5%	0.3%	1.3%	5.3%	0.8%	2.1%	1.9%	0.8%	2.0%	5.7%	0.6%	1.5%	1.3%	0.4%
1.9%	1.1%	0.4%	4.6%	2.9%	0.9%	0.4%	0.4%	2.5%	0.4%	3.5%	0.3%	1.4%	5.0%	0.7%	1.8%	1.8%	0.7%	1.5%	5.0%	0.7%	1.4%	1.4%	0.4%
2.0%	1.1%	0.4%	4.6%	2.9%	0.9%	0.5%	0.5%	2.5%	0.3%	3.3%	0.3%	1.4%	4.8%	0.7%	1.4%	1.8%	0.7%	1.4%	4.9%	0.8%	1.4%	1.3%	0.4%
1.7%	1.0%	0.4%	4.6%	2.9%	0.9%	0.5%	0.5%	2.4%	0.3%	3.4%	0.2%	1.5%	4.8%	0.7%	1.4%	1.4%	0.7%	1.4%	4.9%	0.6%	1.2%	1.5%	0.4%
2.4%	1.3%	0.7%	4.6%	2.8%	1.1%	0.6%	0.7%	2.6%	0.5%	3.3%	0.3%	1.3%	4.9%	0.9%	2.2%	1.6%	0.7%	2.0%	4.6%	1.0%	1.6%	1.2%	0.4%
2.1%	1.3%	0.5%	4.7%	2.8%	1.1%	0.6%	0.5%	2.5%	0.3%	3.1%	0.3%	1.4%	4.5%	0.8%	1.7%	1.5%	0.7%	1.5%	4.2%	0.9%	1.4%	1.4%	0.4%
2.5%	1.2%	0.7%	4.4%	2.7%	1.1%	0.6%	0.6%	2.6%	0.4%	3.4%	0.3%	1.2%	5.1%	0.9%	2.3%	1.6%	0.7%	2.2%	4.9%	1.1%	1.7%	1.2%	0.5%
1.9%	0.9%	0.5%	4.1%	2.7%	1.0%	0.5%	0.6%	2.4%	0.6%	3.5%	0.3%	1.4%	5.1%	0.8%	2.0%	1.8%	0.8%	2.1%	5.2%	0.7%	1.4%	1.2%	0.4%
2.3%	1.2%	0.6%	4.4%	2.7%	1.1%	0.6%	0.7%	2.5%	0.6%	3.2%	0.3%	1.4%	4.9%	0.9%	2.3%	1.6%	0.7%	2.1%	4.6%	1.0%	1.6%	1.3%	0.5%
2.4%	1.4%	0.7%	4.9%	2.8%	1.1%	0.6%	0.6%	2.6%	0.3%	3.0%	0.3%	1.3%	4.5%	0.9%	1.9%	1.4%	0.7%	1.7%	3.9%	1.1%	1.5%	1.4%	0.5%
2.1%	1.0%	0.6%	4.4%	2.8%	1.0%	0.5%	0.6%	2.5%	0.6%	3.6%	0.3%	1.4%	5.4%	0.8%	2.2%	1.8%	0.8%	2.2%	5.3%	0.8%	1.5%	1.3%	0.5%
2.3%	1.2%	0.7%	4.4%	2.7%	1.1%	0.6%	0.7%	2.5%	0.6%	3.3%	0.3%	1.2%	4.7%	0.9%	2.4%	1.6%	0.7%	2.0%	4.5%	1.0%	1.6%	1.2%	0.6%
2.7%	1.3%	0.8%	4.5%	2.7%	1.2%	0.7%	0.9%	2.6%	0.6%	3.2%	0.4%	1.1%	4.9%	1.0%	2.7%	1.6%	0.8%	2.3%	4.5%	1.3%	1.8%	1.1%	0.7%

参考表（2）a　都道府県別活動項目別活動実施人口（単位：千人）

	延べ合計	1 お金に困っている人や国への資金提供や寄付をする	2 住居のない人に住まいや一時滞在場所を提供する	3 野菜や料理のおすそ分けをする	4 食料・生活用品などを寄付する	5 お勧めの情報を教える	6 お勧めの保育所や学校・塾、習い事の情報を教える	7 病人、けが人、体調不良の人の看護・介護をする	8 乳幼児などの世話をする	9 医薬品や健康器具を寄付・提供する	10 お年寄りや障がい者の見守り	11 ウォーキングや体操などスポーツや健康づくり活動を一緒に行う	12 お年寄りや障がい者の話し相手になる	13 お年寄りや障がい者の送迎や送迎を行う、または教えてもらう	14 外国人や海外に住む人々の医療・健康・福祉を支援する	15 子どもに勉強を教えたり、遊んだり、見守りをする	16 教養・学習講座・研修などの講師を務める	17 途上国の子どもへの文房具などを贈る・買うお金を寄付する	18 女性の生理用品を提供する	19 女性の差別解消や働く女性を支援する	20 非常時（停電や災害発生時など）に飲料水や飲物を提供する	21 非常時（停電や発電機を提供する）に充
合計	278,391	14,369	1,365	13,388	5,043	5,132	3,995	9,833	8,589	1,211	4,353	7,009	4,353	3,529	1,153	9,788	1,521	2,084	1,328	972	944	837
北海道	10,464	564	48	489	209	199	145	398	334	42	167	254	167	123	41	359	57	83	52	36	32	25
青森県	2,971	143	15	159	46	53	43	91	84	10	42	73	42	41	10	108	16	20	12	9	10	11
岩手県	2,759	135	13	148	46	50	39	88	79	8	39	65	39	36	8	99	15	19	11	8	8	9
宮城県	5,191	263	25	259	90	95	75	176	156	21	79	129	79	67	20	184	28	38	24	17	17	16
秋田県	1,905	98	7	105	36	37	25	67	55	2	26	39	26	22	3	65	11	14	8	5	4	4
山形県	2,674	124	14	146	38	47	40	77	73	10	37	67	37	39	9	99	15	17	11	8	9	9
福島県	4,342	211	22	226	69	78	63	137	125	17	63	108	63	59	16	157	24	30	19	14	15	16
茨城県	6,551	332	32	327	114	120	94	223	197	26	99	162	99	85	25	232	36	47	30	22	21	21
栃木県	4,236	219	20	208	78	79	60	150	130	16	65	106	65	53	16	148	23	32	20	14	13	12
群馬県	4,047	210	18	207	76	76	55	143	122	11	60	93	60	49	12	140	22	30	18	12	11	10
埼玉県	16,205	841	79	777	297	300	231	578	502	70	254	406	254	204	66	568	89	122	78	56	54	47
千葉県	13,604	733	65	615	269	256	192	520	440	64	223	344	223	162	61	468	74	109	69	50	46	34
東京都	28,485	1,571	139	1,213	588	539	404	1,136	953	153	487	740	487	331	145	972	154	237	154	111	102	68
神奈川県	20,135	1,094	99	879	403	378	288	782	663	106	339	523	339	239	100	692	109	164	107	77	72	51
新潟県	4,752	236	19	266	82	89	64	155	133	6	64	101	64	60	12	102	15	18	12	10	10	13
富山県	2,749	128	15	144	39	48	42	80	78	13	40	73	40	40	12	102	15	18	12	9	11	12
石川県	2,619	133	14	125	45	47	39	90	80	13	41	69	41	35	12	93	14	19	13	10	10	9
福井県	1,552	80	5	91	30	31	19	54	43	-1	19	28	19	17	-0	53	9	11	5	3	2	3
山梨県	1,460	80	4	80	32	30	17	57	44	-1	20	26	20	15	0	48	8	11	6	3	1	1
長野県	4,761	231	24	249	76	85	69	150	137	18	69	118	69	65	17	172	26	32	20	15	16	17
岐阜県	4,920	230	24	260	71	84	74	144	138	21	71	127	71	71	19	181	27	32	21	16	18	21
静岡県	8,467	422	41	433	143	154	121	280	249	31	125	208	125	111	30	302	47	60	37	27	27	28
愛知県	17,508	868	89	879	290	316	256	574	519	75	264	445	264	235	70	628	96	123	79	60	61	61
三重県	3,883	197	19	196	68	71	55	132	116	14	58	95	58	50	14	137	21	28	17	13	12	12
滋賀県	3,466	167	18	177	54	61	52	108	101	15	52	90	52	48	14	126	19	24	15	13	13	13
京都府	5,603	294	27	264	105	104	80	203	176	25	89	141	89	70	24	196	31	43	27	20	19	16
大阪府	19,028	1,016	90	881	371	358	268	714	606	84	306	474	306	229	80	657	104	150	95	68	62	49
兵庫県	11,858	620	58	582	223	223	165	428	365	42	182	284	182	145	42	412	65	90	55	39	35	31
奈良県	2,713	148	12	128	56	52	37	106	87	9	43	64	43	31	9	92	15	22	13	9	8	6
和歌山県	1,845	99	6	99	38	36	23	69	55	1	26	36	26	20	2	62	10	14	5	3	3	3
鳥取県	1,464	65	9	78	18	25	23	39	40	8	21	40	21	23	7	55	8	9	6	5	6	7
島根県	1,550	74	8	83	24	28	23	47	44	5	22	38	22	20	5	59	9	10	6	5	5	6
岡山県	4,331	219	22	211	75	79	63	148	132	20	67	111	67	57	18	154	24	32	20	15	15	14
広島県	6,337	333	30	307	106	114	94	212	192	31	99	166	99	85	29	227	35	46	30	23	22	22
山口県	2,922	152	14	141	54	54	41	105	90	12	45	72	45	36	11	102	16	22	14	10	9	8
徳島県	1,659	83	8	86	29	31	23	55	49	5	24	39	24	21	5	59	9	12	7	5	5	5
香川県	1,978	102	7	98	38	38	25	69	57	1	26	39	26	23	2	68	11	14	8	5	5	5
愛媛県	2,970	153	14	147	54	55	42	105	90	15	46	83	46	39	11	113	17	22	13	9	8	8
高知県	1,659	82	9	77	27	29	26	55	51	10	27	46	27	23	9	72	12	8	7	7	7	7
福岡県	11,325	584	61	512	201	205	169	401	359	65	187	308	187	149	60	402	61	86	58	44	46	38
佐賀県	1,992	96	12	96	30	34	31	62	59	12	31	53	31	34	11	73	11	14	9	8	10	11
長崎県	2,946	144	15	152	47	53	43	99	94	9	44	81	44	40	11	106	16	20	13	10	10	11
熊本県	4,095	199	24	195	63	71	64	130	123	24	65	114	65	58	22	150	22	29	20	16	18	17
大分県	2,588	132	15	112	44	46	40	91	83	18	44	75	44	35	16	93	14	20	14	11	11	11
宮崎県	2,562	125	13	129	41	46	38	87	80	15	43	66	43	39	15	107	16	19	13	11	13	13
鹿児島県	3,671	181	20	172	58	64	60	120	112	22	59	99	59	52	20	134	19	25	18	15	16	15
沖縄県	3,588	172	22	168	52	61	57	111	108	24	58	105	58	53	16	133	19	25	18	15	17	16

22 英語など外国語の通訳や翻訳を行う	23 法律や公的な制度についての相談に乗る	24 差別やいじめを受けている人を励ましたり相談に乗る	25 いじめや差別、LGBTへの偏見をなくす活動を励ます	26 外国人の生活を支援する（ごみ出しルールや買い物の情報など）	27 外国人と互いの国の文化体験活動などを一緒に行う	28 長期間留守にする際の非常時（停電や災害発生時など）に囲いや簡易ベッドなどの設置を手伝う	29 交通手段がない人を自動車で目的地まで乗せていく	30 非常時（停電や災害発生時など）にペットの世話をする	31 空き家や空き地の修復・維持管理を行う	32 道路・公園などの清掃・草刈り・補修作業を手伝う	33 集会所や公民館などの清掃・補修などの作業を手伝う	34 窃盗など犯罪の被害に合っている相談に乗る・見回り・見回り	35 DV（家庭内暴力）の被害や性被害に合っている相談に乗る	36 平和維持・反戦活動に参加したり、寄付する	37 戦争から逃れてきた人（難民）や紛争地域に住む人の生活支援をする・寄付する	38 最近引っ越してきた人の世話をしたり交流する	39 墓参りや法事に参加する	40 同窓会に参加したり母校を訪問する	41 献血や髪の毛などを提供する（ドナー登録のみは除く、個人的な参加を含む）	42 視覚・聴覚障がいのある人と会話する（手話や点字を覚えたり、それを使って不登校の人を助けたり相談に乗る）	43 農作業や森での作業・労働を行う	44 農産物の加工や農産加工品の販売を手伝う	45 農産物の加工や農産加工品の販売を行う
1,303	1,146	2,151	1,526	665	1,002	3,448	940	514	1,013	7,765	3,304	784	639	1,571	1,007	2,013	21,596	5,027	5,138	4,043	2,034	7,139	1,715
48	39	66	58	29	38	121	32	14	35	270	113	31	16	59	37	77	855	205	213	160	79	225	49
12	12	29	16	4	11	42	10	8	14	107	45	8	8	15	10	17	223	43	46	38	19	108	25
10	10	24	15	4	10	39	8	7	13	101	42	8	6	13	8	15	216	40	45	36	18	99	21
23	21	43	28	11	19	67	17	11	21	158	67	15	12	28	18	35	400	88	91	73	36	150	35
6	5	13	11	3	7	26	4	3	9	73	29	6	1	8	5	9	165	29	35	26	12	66	10
11	12	29	15	3	10	40	10	8	13	101	43	7	9	13	9	15	193	35	38	33	17	106	25
18	18	41	24	7	16	60	15	11	19	147	63	12	12	22	15	27	325	66	69	57	29	147	34
29	26	54	36	14	24	85	22	13	26	201	85	18	15	35	23	44	507	111	115	92	46	191	44
19	16	32	23	10	15	53	13	8	16	125	52	12	8	23	15	29	336	75	79	61	30	114	25
16	14	29	22	9	15	52	11	7	17	131	54	12	6	21	14	23	332	69	75	57	29	119	23
76	66	122	89	39	58	199	54	29	58	449	190	46	36	91	58	117	1,265	295	303	237	119	408	97
68	55	88	75	40	48	153	45	18	41	320	136	39	26	82	51	108	1,085	275	277	211	106	265	65
153	119	168	157	95	98	298	97	31	72	560	240	83	53	183	114	247	2,273	622	610	462	234	420	117
106	85	128	111	63	70	219	69	26	55	427	183	58	40	127	80	169	1,591	424	417	320	162	341	93
14	15	38	26	7	19	68	12	10	25	190	78	14	7	19	12	22	393	67	80	61	29	182	32
13	13	30	15	4	10	40	11	8	12	94	41	7	10	15	10	18	192	39	39	35	18	99	26
13	12	22	14	6	9	33	10	5	9	72	31	7	7	15	10	20	195	47	46	38	19	68	18
3	3	10	9	2	6	22	3	3	9	69	27	5	-0	5	3	5	142	21	29	20	9	62	4
3	3	6	8	3	6	18	2	1	7	55	21	5	-1	5	3	6	139	25	31	21	10	45	4
20	20	45	26	8	18	66	16	12	21	163	69	13	13	24	16	29	357	72	76	63	31	163	38
22	22	52	27	7	18	72	19	14	23	173	75	13	17	26	17	31	350	69	71	62	32	182	45
36	34	73	46	16	31	113	28	19	36	275	116	24	21	44	28	54	652	136	144	115	58	267	60
79	75	156	96	34	64	233	62	40	71	544	233	48	49	95	62	119	1,313	285	294	240	121	534	130
17	15	32	21	8	14	51	13	8	16	122	52	11	9	20	13	25	303	65	68	54	27	116	26
16	16	34	19	6	13	48	13	9	15	112	48	9	10	18	12	23	252	53	54	50	23	114	29
27	23	41	31	14	20	67	19	9	19	148	63	16	12	32	21	42	439	105	107	83	42	132	32
91	75	127	105	53	68	221	62	28	62	480	202	55	36	110	70	145	1,520	372	379	290	145	409	96
51	44	84	65	28	43	147	36	20	45	348	145	35	21	63	40	80	956	213	225	172	85	312	66
12	9	15	15	8	10	31	8	4	9	72	29	8	3	15	9	19	228	54	57	42	21	58	11
5	4	10	10	4	7	29	6	3	9	67	27	6	0	7	5	9	166	31	37	26	12	57	8
7	7	18	8	2	5	22	6	5	7	52	23	3	6	8	4	9	96	19	19	16	9	58	16
6	6	15	8	2	6	22	5	4	7	56	24	4	4	8	7	12	160	30	30	20	10	57	13
20	19	36	24	10	16	55	15	9	16	124	53	12	11	24	16	31	328	75	76	61	31	119	29
31	28	56	35	14	23	82	23	14	24	180	78	17	19	37	24	46	469	109	109	89	46	175	46
13	12	22	16	7	11	36	9	5	11	83	35	8	6	16	11	20	231	53	55	43	21	75	17
7	6	14	9	3	6	22	5	4	7	56	23	5	4	8	5	9	130	26	27	23	11	53	11
5	5	13	11	3	8	30	6	3	10	78	31	6	5	9	5	9	173	30	37	26	12	71	14
13	11	22	16	7	11	37	9	5	12	89	37	9	6	16	10	20	236	52	55	43	21	82	18
9	8	16	9	4	6	21	7	4	6	43	19	4	6	10	7	13	116	29	28	24	12	43	13
61	53	93	62	30	39	135	44	22	35	267	118	30	34	72	46	94	835	217	208	169	87	248	74
11	10	21	11	4	7	27	8	5	7	56	25	5	8	12	8	15	137	32	31	27	14	59	17
13	12	27	16	5	11	40	10	7	13	97	42	8	8	13	9	19	221	46	48	39	20	73	23
22	21	41	22	9	14	54	17	10	15	112	50	10	15	25	17	32	284	69	65	57	30	115	34
16	14	23	14	7	9	30	11	5	7	53	24	7	9	12	8	12	181	51	47	39	21	51	18
12	11	24	14	5	9	31	11	6	11	81	35	7	8	14	11	17	188	41	41	34	18	81	20
20	19	35	20	8	12	47	15	9	12	93	43	8	11	21	13	30	256	64	61	52	26	96	30
21	20	38	19	8	12	47	16	10	12	92	42	8	16	23	16	30	237	61	55	50	26	99	33

参考表（2）b　都道府県別活動項目別活動実施人口（単位：千人）

	46	47	48	49	50	51	52	53	54	55	56	57	58	59	60	61	62	63	64	65	66
	飲食店や飲食コーナーの運営を手伝う	観光客や修学旅行者を家に泊める（民泊）	海外での水道や建物建設、農産物やものづくりを支援する	非常時（停電や災害発生時など）にトイレ、水路・池・側溝等の清掃・補修作業を行う	河川・水路・池・側溝等の清掃・補修作業を行う	非常時（停電や災害発生時など）に雨水や処理水などの未利用水を提供する	途上国の上下水道設備の設置に協力したり、資金を寄付する	節電や省エネ活動に参加する	太陽光発電や風力発電、小水力発電など自然エネルギー設備に出資する	太陽光パネルや風車、水力発電装置などの設備を維持管理する	お勧めの名産品や販売店の情報を教える	就職したり、転職する際に推薦状を書く	仕事や就職先（パート、アルバイトを含む）を紹介する	観光客・訪問者に現地を案内したり説明する（観光ガイド）	名産品やB級グルメの店を教える	企業や商店、公共施設での就労体験（インターンシップ）を行う	地場産品や伝統工芸品などの開発・販売を行う	地域情報をスマホやブログ、放送、新聞等で発信する	名所や特産品、地域特徴的な活動を伝えるのイベントを企画・運営する	不当労働行為や過重労働をなくす運動に参加する	お金に関するアドバイス（保険や投資、借金など）をする
合計	4,110	1,394	2,044	2,531	6,292	2,531	1,028	11,330	1,212	1,546	4,680	892	3,752	1,241	3,112	848	662	1,052	760	383	2,451
北海道	131	50	81	88	224	88	40	473	44	63	176	36	150	47	114	30	21	35	28	13	104
青森県	53	17	23	26	90	26	10	104	13	15	43	8	35	10	34	9	9	10	9	4	22
岩手県	46	16	23	21	87	21	10	104	12	15	38	8	33	9	31	8	8	8	9	3	22
宮城県	81	27	39	46	131	46	19	204	23	28	83	16	67	21	58	16	13	19	15	7	44
秋田県	26	11	18	10	67	10	7	85	7	12	22	6	24	4	20	4	5	3	6	1	18
山形県	52	16	20	24	84	24	9	85	12	13	38	7	29	9	31	8	7	10	8	3	17
福島県	76	24	32	39	122	39	15	156	19	22	66	12	52	16	49	13	13	16	13	6	33
茨城県	102	34	50	57	167	57	24	258	28	36	104	20	85	27	73	19	17	23	19	8	55
栃木県	61	22	33	36	104	36	16	176	18	24	68	14	57	17	47	12	10	14	12	5	38
群馬県	57	22	34	30	114	30	15	174	20	24	58	13	51	14	44	10	10	11	12	4	37
埼玉県	235	81	120	146	365	146	60	668	70	91	272	52	220	72	181	49	38	60	44	22	145
千葉県	173	62	99	125	252	125	50	605	59	80	245	48	198	68	150	41	26	53	34	19	133
東京都	333	121	197	277	415	277	112	1,313	124	170	552	107	437	158	314	90	47	120	66	45	293
神奈川県	250	88	140	195	323	195	78	901	88	118	382	73	301	108	223	64	36	84	48	31	200
新潟県	75	29	44	29	172	29	17	192	19	28	55	13	56	11	52	11	14	9	16	3	40
富山県	54	15	19	28	75	28	9	86	13	13	44	7	31	11	32	9	9	12	8	4	18
石川県	41	13	18	26	56	26	10	100	12	14	46	8	35	12	30	9	7	11	7	4	22
福井県	21	10	17	5	66	5	6	72	6	11	13	4	19	2	16	2	4	0	6	0	15
山梨県	15	8	16	5	54	5	6	76	5	11	15	5	20	3	15	2	3	0	5	0	16
長野県	83	27	36	42	136	42	17	170	21	24	72	13	57	18	54	14	14	17	14	6	36
岐阜県	95	28	35	47	141	47	21	176	23	23	76	13	56	17	57	16	16	20	15	7	32
静岡県	137	46	67	73	230	73	30	324	37	46	129	25	106	32	95	25	23	29	25	10	69
愛知県	292	93	127	162	443	162	63	649	77	91	283	51	220	73	198	55	48	68	50	24	138
三重県	60	21	30	33	103	33	14	154	17	21	60	12	49	14	43	11	10	13	11	5	33
滋賀県	62	19	24	33	91	33	12	126	16	14	54	8	42	14	40	11	9	13	10	5	25
京都府	79	27	41	51	119	51	21	235	24	32	96	19	78	26	62	17	12	21	15	8	51
大阪府	249	90	142	169	387	169	72	835	82	112	330	66	272	89	210	57	39	70	50	26	183
兵庫県	165	61	94	97	294	97	44	507	50	69	186	39	161	48	131	33	28	38	34	14	110
奈良県	32	13	22	21	61	21	10	128	11	17	44	10	39	11	29	7	6	8	7	3	28
和歌山県	22	10	18	9	63	9	7	89	7	12	21	6	23	6	19	4	4	2	6	1	19
鳥取県	32	8	9	16	41	16	5	40	7	6	24	3	15	6	17	5	5	7	4	2	9
島根県	28	9	11	13	47	13	5	54	7	8	22	4	18	5	18	5	5	5	5	2	11
岡山県	68	22	31	41	100	41	16	168	19	23	73	13	57	19	49	14	11	17	17	6	36
広島県	104	32	44	63	142	63	23	236	28	33	109	19	82	29	72	21	17	27	17	10	51
山口県	42	15	21	25	68	25	11	122	13	17	40	13	32	9	30	7	10	8	6	4	26
徳島県	26	9	13	13	48	13	6	65	7	9	24	5	21	6	18	5	5	5	5	2	14
香川県	27	12	20	17	67	17	8	127	13	14	47	9	36	11	25	6	5	10	6	3	22
愛媛県	43	15	21	25	75	25	11	123	13	17	47	9	40	12	33	8	7	10	8	4	27
高知県	29	8	10	10	31	10	6	58	8	8	31	5	22	9	19	6	4	10	7	3	12
福岡県	173	53	72	120	196	120	42	441	51	59	216	37	157	61	129	39	26	54	28	20	96
佐賀県	37	10	12	22	42	22	10	81	9	10	37	6	24	10	31	6	7	11	9	4	22
長崎県	51	16	22	27	80	27	10	107	13	15	44	9	33	9	33	9	9	11	9	4	22
熊本県	74	21	25	42	82	42	16	137	16	21	72	11	48	16	51	11	16	21	11	6	29
大分県	41	11	14	31	34	31	10	95	12	13	54	8	30	10	30	10	10	10	6	3	16
宮崎県	45	14	18	25	65	25	9	91	11	13	42	7	31	11	29	8	7	10	7	3	20
鹿児島県	64	18	22	41	69	41	13	126	17	17	70	11	47	20	43	13	10	19	9	7	27
沖縄県	68	18	19	44	64	44	13	112	17	15	71	10	45	20	42	14	10	21	9	7	24

67	68	69	70	71	72	73	74	75	76	77	78	79	80	81	82	83	84	85	86	87	88	89	90
パソコンやWi-Fiルータ、スマホなどの情報機器を貸す	新たな仕事（会社）を始める（起業する）	AIやロボット活用のアイデアを考えたりシステムを開発する	パソコンや家電製品のトラブルを解決する	壊れた家具や自転車を修理する	防災マップ・防犯マップ製作り、その活動に寄付する	防災・防犯グッズを製作したり、防災活動を手伝う	災害や火事・事故発生時の避難・救護・復旧活動を手伝う	自分の家以外の花や木の栽培・植樹や手入れを手伝う	非常時（停電や災害発生時など）炊き出しや生活用品の配布を手伝う	店や工場で発生する不要品や食材を寄付する	日曜品や廃棄のごみの分別・運搬・廃棄を手伝う	余り食材・賞味期限切れ前の食材・食品を作る	廃品回収やリサイクル活動に参加する	プラスチックの製品や包装を使わない活動に参加する	海辺の清掃・ゴミ拾いに参加する	野生の生物を観察したり保護する活動・維持管理する活動に参加する	まちの理想像や将来計画づくりに参加する	音楽や劇・郷土芸能、ストリートパフォーマンスなどを人前で行う	地域の伝統的な祭りや行事へ参加する	歴史的遺産・建築物を保護する活動を行う	自分が描いた絵、彫刻、アニメなどを人目に触れる場に置く	芸術作品や音楽を作り、人目に触れる形で公表する	学校の土地・建物を、行政やNPO法人に無料で貸す
2,072	1,307	453	5,295	3,289	1,077	554	524	2,789	395	3,909	279	1,710	5,563	816	1,739	1,972	835	1,701	5,552	755	1,447	1,713	515
72	54	12	219	134	40	19	14	109	8	152	9	74	212	29	48	76	31	51	211	24	49	74	19
22	10	5	46	31	11	6	7	27	8	43	3	15	62	9	24	22	10	23	66	7	17	15	4
18	9	4	45	30	10	5	6	26	6	41	3	16	59	8	20	22	9	20	64	5	15	15	4
38	22	8	94	59	20	10	10	51	9	74	5	30	105	15	35	38	16	34	108	13	27	30	9
9	6	1	35	24	6	3	2	18	3	32	2	13	43	4	9	11	5	9	49	1	8	13	2
20	8	6	38	26	10	6	7	24	8	37	3	12	55	8	25	20	9	24	59	7	16	12	4
32	16	8	71	46	17	9	10	41	10	61	5	23	89	13	35	32	14	33	93	12	24	22	7
47	28	11	118	75	25	13	13	64	11	94	7	39	134	19	44	48	20	43	137	17	35	38	11
30	19	6	81	51	16	8	7	42	6	61	4	27	87	12	25	31	13	25	88	10	21	27	7
25	17	4	76	49	15	7	6	40	6	62	4	27	86	11	22	32	13	23	91	7	19	27	6
119	77	25	312	193	63	32	29	163	22	229	16	101	324	47	98	115	49	97	324	43	83	102	30
101	61	22	287	173	53	26	21	143	10	190	12	93	267	39	67	94	39	86	257	37	66	94	27
220	175	43	638	374	114	54	40	308	9	388	25	204	541	83	124	187	79	125	501	86	136	207	64
156	118	32	436	258	80	39	31	214	11	275	18	139	385	59	97	134	57	97	362	61	99	141	44
26	14	4	79	55	16	8	8	44	10	77	5	30	107	12	30	41	16	31	120	5	23	29	4
23	9	7	40	26	11	6	8	25	8	36	3	12	55	9	27	19	9	24	56	9	17	12	5
21	12	5	48	30	10	6	6	24	6	35	3	15	51	8	19	18	8	18	50	8	15	15	5
5	4	-0	28	20	5	2	1	15	3	28	1	12	38	3	6	15	5	8	45	-1	6	11	0
5	-1		30	21	5	2	0	15	1	26	1	13	35	3	3	14	5	5	40	-1	5	12	1
35	17	9	77	51	18	10	11	45	11	68	5	25	98	14	38	35	15	36	102	12	27	24	8
39	16	11	73	48	19	11	14	45	14	67	6	22	100	16	46	35	16	43	103	15	30	21	8
61	33	14	147	95	32	17	18	81	17	122	9	48	175	25	60	63	26	59	181	21	45	48	14
134	71	33	302	192	68	37	39	169	35	243	19	95	352	53	132	125	54	126	358	50	97	95	31
27	16	6	70	45	15	8	7	38	7	56	4	23	80	11	26	29	12	25	83	9	20	23	6
28	13	7	56	36	14	8	9	33	8	47	4	17	69	11	29	24	11	25	74	11	20	19	5
42	28	9	111	68	22	11	10	57	7	79	5	36	111	16	32	39	17	32	110	15	28	36	11
138	99	27	392	239	74	36	36	197	17	270	17	129	378	54	97	135	56	98	372	49	93	130	36
80	54	15	230	145	44	22	19	119	15	175	11	78	245	33	65	89	36	67	251	25	58	78	19
17	14	2	58	36	10	5	3	28	2	41	2	20	56	7	11	21	8	12	57	5	12	20	4
8	7	0	37	25	6	3	1	18	2	32	1	14	42	4	6	17	6	8	47	0	7	14	1
13	4	4	19	13	6	3	5	13	5	19	2	5	20	5	16	10	5	13	34	4	9	7	3
11	6	2	29	19	6	3	3	16	3	25	2	10	35	5	11	13	5	12	44	7	11	9	3
9	6	1	36	25	7	3	2	19	3	34	2	14	46	4	9	18	6	11	49	3	8	14	2
21	13	4	56	36	11	6	5	30	4	43	3	19	63	7	18	22	9	18	63	7	15	19	5
15	8	4	29	18	7	4	4	16	3	21	2	8	31	6	14	10	5	12	29	7	13	9	3
96	60	24	219	130	46	25	25	115	15	146	12	65	213	36	78	72	33	73	199	41	63	66	26
18	9	5	32	20	8	5	6	19	5	25	3	9	37	7	18	17	7	17	36	8	13	9	5
22	11	5	49	32	11	6	7	28	7	41	3	16	60	9	23	21	9	22	62	8	17	15	5
37	19	11	69	42	17	10	12	40	9	51	5	19	77	14	36	26	12	33	73	16	24	17	7
25	15	7	50	29	11	6	7	27	4	31	3	14	46	9	20	15	7	18	40	11	16	14	7
20	10	5	43	27	10	6	6	24	6	35	3	13	51	8	21	18	8	20	52	8	15	13	5
33	18	9	64	38	15	9	10	36	7	46	4	18	68	12	31	23	10	28	64	15	23	14	7
35	17	11	59	35	15	9	11	34	8	42	5	15	65	13	35	21	11	31	60	17	24	14	9

第5章　持続可能な地域創造ネットワークの紹介

持続可能な地域創造ネットワークの紹介

持続可能な地域創造ネットワーク　事務局
NPO 法人環境自治体会議環境政策研究所　理事長　小澤　はる奈

1　持続可能な地域創造ネットワークとは

　持続可能な地域創造ネットワーク（略称：地域創造ネット）は、2020年6月に環境自治体会議と環境首都創造ネットワークを母体として発足した。前身の環境自治体会議が、自治体のみを会員とする組織であったのに対し、NGO/NPO、研究者等の専門家や教員などの教育関係者、学生団体、民間企業も会員資格を有する[1] マルチステークホルダー型であることが大きな特徴である。

　組織の目的・位置づけについては、規約において「本会は、持続可能な社会を地域から実現することを目的とする。本会の位置付けは、この目的のために自治体とNGO/NPO、教育研究機関、次世代のパートナーシップを深め、互いをエンパワーメントするネットワークとする。」と表記されている。環境自治体会議から持続可能な地域創造ネットワークへの移行経緯は、既刊号[2] を参照されたい。

　地域創造ネットの意思決定機関は、正会員で構成する総会であり、正会員種別ごとに選出された幹事により構成する幹事会において、各行事の企画など組織運営の具体的内容を協議している。幹事の互選により選出された4人

---

1)　議決権を有する正会員は、自治体、NGO/NPO、専門家・教育関係者。学生団体会員は議決権を持たない。企業は議決権のない賛助会員として参画している。
2)　小澤はる奈「環境自治体会議から持続可能な地域創造ネットワークへ—自治体ネットワークの発展と期待」，SDGs自治体白書2021，p150-163（2021）

表　役員一覧と事務局

種別	氏名	肩書等
幹事（自治体）	青木　秀樹	共同代表／岡山県西粟倉村長
	片山　健也	北海道ニセコ町長
	手嶋　俊樹	鳥取県北栄町長
	山田　修	共同代表／茨城県東海村長
幹事（NGO/NPO）	上田　隼也	一般社団法人インパクトラボ　代表理事
	杦本　育生	共同代表／ 認定NPO法人環境市民　代表理事
	原　育美	NPO法人くまもと未来ネット　代表理事
幹事（専門家・教育関係者）	杉山　範子	名古屋大学　准教授
	中口　毅博	共同代表／芝浦工業大学　教授
監査役	石川　義夫	元・足立区副区長
	松下　和夫	京都大学名誉教授
事務局	小澤　はる奈	NPO法人環境自治体会議環境政策研究所
	下村　委津子	認定NPO法人環境市民
	大西　康史	

　の共同代表（自治体首長2名、NGO/NPO、専門家・教育関係者各1名）が、組織を代表する形をとっている。事務局業務については、2つの前身組織の事務局担当団体として、NPO法人環境自治体会議環境政策研究所と認定NPO法人環境市民がこれを引き継いでいる。

2　主要な活動

　地域創造ネットでは、「基本的活動」として下記5つを規約に定めている。

①持続可能な地域づくりの実施状況調査と調査結果のフォローアップ

　会員による取組の実践状況について調査を実施し、この調査結果を基に自己診断や先行事例の相互参照ができるような仕組の構築を進めている。
　2023年度は7月中旬から約1か月間半、全国大会の分科会テーマとして予定していた「交通」「気候変動適応」「再生可能エネルギー」について、取組

の有無、取組の内容や課題などの情報を募った。本調査で得た情報を基に、全国大会の話題提供（一部）を依頼したほか、会場に掲示して調査結果の周知を図った。

②人と情報の交流

年1回の全国大会、研修懇談会やWebミーティングの開催、会員による情報発信等を行い、先駆的な施策や活動の共有や相互にコンタクトをとれる関係性の構築を目指している。

2022年度全国大会は、2023年2月8日・9日の2日間、武蔵野大学有明キャンパスに現地会場を設け、ZoomとYoutubeLive配信を併用したハイブリッド形式で開催した。

1日目の全体会では、各団体の代表者が「持続可能な地域の実現に必要な"転換"とは？」をテーマにリレー形式でコメントした。その後、グループセッションで各論の実践・議論が展開された。グループセッションは、会場となった武蔵野大学による企画として「持続可能な地域づくりを実現する人材と組織」、後述する協働プロジェクトの企画として「日本の地域社会版持続可能性指標の議論・作成」、「ゼロカーボンシナリオ検討の実践」の3つがテーマとなった。1日目夜には大会登録者以外も参加できるオンライン・オープンセッションとして「ESDとSDGsツーリズムによる地域活性化」も開催された。

2日目は午前中に前日のグループセッションの成果共有がなされ、午後には「"持続可能"なメガネをかけ直そう」と題したパネルディスカッションが実施された。6名の話題提供者からは、環境×経済×社会の統合的取組の実践例や、人材育成・コーディネートの事例が紹介され、会場も交えた意見交換では、小さくてもともに実践する機会を創出すること、若者と地域やNGO/NPOをつなぐことの重要性が共有された。現地会場には約60名が集まり、オンラインも含むと100名以上の参加を得た。

2023年度は、11月に茨城県境町で開催した。この模様は3節に紹介する。

③自治体における政策立案の支援

　上記①の調査結果を基に、ある自治体でニーズの高い政策課題に対して、NGO/NPO会員や専門家会員らが自らの知見・経験を活かして施策パッケージを考案するなどの動きに繋げることを想定している。現在のところ、④の一部プロジェクトにおいて試行的な活動が実施されている。

④協働プロジェクトの実施

　会員の抱えている地域課題（ニーズ）と、事業・活動の得意分野や興味関心（シーズ）に関する情報を集約し、これを基に事務局が会員間のマッチングを支援することで協働取組を生み出すことを想定している。また、会員は自らが他の会員を募って実践したい個別テーマを提案することができる。

　このうち、筆者がNGO/NPO会員として提案・実施している「ゼロカーボン地域づくりプロジェクト」では、プロジェクトメンバーの会員自治体の取組をサポートしている。具体的には、地域の温室効果ガス排出特性や再生可能エネルギーポテンシャルを整理してゼロカーボンの可能性を検討する材料を揃える、ゼロカーボンに関する住民向け講演会や、自治体職員向けの研修を企画・実施するなどの活動を行っている。

　会員以外にも交流の輪を広げ知見を集積・共有するプロジェクトもあり、会員の具体的な取組支援につなげることが期待される。

⑤政策提言

　組織の目的達成のため、国やその他の関係機関に対して政策提言や要望活動を実施することも規定している。

3　2023年度全国大会 in 茨城県境町

　設立以来、コロナ禍の影響でオンラインを中心に活動してきた当ネット

ワークであったが、2022年度には初めて現地会場にて全国大会を開催することができた。会員自治体の首長らからは、「直接交流することで得られる刺激は何物にも代えがたい」と、継続的な現地開催が強く望まれた。そこで、共同代表である山田修・茨城県東海村長の働きかけにより、境町での開催が実現する運びとなった。境町は2021年にSDGs未来都市に選定されている。若い世代の移住・定住やふるさと納税などで目覚ましい成果を上げており、全国的に注目度の高い地域である。

　2023年度大会は、2023年11月21日・22日の2日間に渡って開催された。現地には全国から約70名が参集し、オンライン参加、町内関係者も含むと100名を超える参加を得た。大会当日の様子をレポートする。

【1日目】

机上に置かれたお菓子

　東京からの高速バスが境町バスターミナルに着き、送迎バスに乗り換えた参加者が会場である境町役場に到着した。受付では講演資料集に加え、境町が用意した数多くの取組資料が手渡され、参加者はその充実度に驚いていたようだった。机上には地元のお菓子とさしま茶が置かれ、温かなおもてなしが大変喜ばれた。

　開会式は山田修・東海村長と中口毅博・芝浦工業大学教授の両共同代表による挨拶と、橋本正裕・境町長の歓迎挨拶で幕を開けた。

　橋本町長からは会場に駆けつけた町関係者が紹介され、優れた知見・経験を有する多くの人材が境町の先進的な取組を支えていることが感じられた。

　「今政治に求められているのは　スピード感＋アカウンタビリティ ─境町

の持続可能な地域づくり─」と題した町長講演では、59億円を超えるふるさと納税や、新たな補助金を積極的に取りに行くことで財源を確保し、英語教育の強化をはじめとする多彩な子育て支援策などに投資することで、人口の社会増を実現していること、その他様々な境町の取組が説明された。講演後の質疑応答では、参

橋本町長の講演

加首長とのやり取りの中で「職員には真に町のことを考え働いてもらうため、給与も上げてきた。財政改革について事細かに職員に伝えながらやってきた、そのことで職員が理解し動くようになり、住民から評価されるようになってきた」と、就任以降の役場の変化についても語られた。町政に対する町長の強い思いと、それを実現させてきた役場全体のチームワークの様子が理解できる、熱量の高い1時間の講演であった。

　専門家・教育関係者会員である増原直樹・兵庫県立大学准教授による論点整理では、SDGs未来都市の指定状況と指定自治体の調査結果などが紹介された。2日間の大会の中で立場を超えた意見交換を行い、SDGsの各ゴールのシナジーとトレードオフ、統合的取組の在り様などを深め、行動を前進させる契機とすることが提案された。

　その後、2台のバスに分乗して現地視察に出かけた。視察コースは、町長講演でも言及された取組の現場を回るものであった。参加者は、自動運転バスに試乗して乗り心地や緊急時対応の様子を確認したり、全国の自動運転バスの集中遠隔管理の様子を見学した。地場産品研究開発施設では、サツマイモの貯蔵設備や干し芋加工設備などの説明を受けた。世界大会が開催可能な「アーバンスポーツパーク」では、BMXフリースタイルのデモンストレーションが行われた。この施設があるために移住してきたというユース選手も素晴

↑ BMXのデモンストレーション
←自動運転バスの乗車体験

交流会の盛り上がり

らしい演技を魅せ、参加者からは大きな拍手と歓声が上がっていた。

視察後は会場を移動して交流会が開催された。コロナ禍が明け、設立以来初となる飲食を伴う交流会を開催することができた。旧交を温めたり新たな出会いを楽しむ参加者の笑顔が印象的な、にぎやかな会となった。2日目の学びと交流への期待を高め、約2時間の交流会はお開きとなった。

【2日目】

2日目の午前中はテーマ別セッションが行われた。前半はA・Bの2テーマに分かれ、後半は共通テーマCで全体会として実施する形とした。

セッションAでは「公共交通と交通弱者対策」をテーマとした。境町での自動運転バスの取組が紹介され、町内での活用状況や40代以下の若い世代がオペレーションや運行管理業務に参入しており、公共交通の担い手の拡大・若返りを目指していることが語られた。高知県梼原町で2011年からはじまった過疎地有償運送事業の経過と現状の課題からは、地域の公共交通の厳しさがうかがえたが、一方で脱炭素先行地域の取組の展望も紹介され、統

合的な取組の方向性も見える内容であった。コーディネーターからは日本の公共交通の課題について欧州との比較も含んで解説され、解決のヒントとして北海道上士幌町のコンパクトシティづくりとあわせた自動運転バスの活用、富山県朝日町のライドシェアのしくみが紹介された。

　セッションBは「気候変動への適応」をテーマに、境町で実施されている「モバイル建築」の取組が紹介された。コンテナ型の居住スペースを、日常的には宿泊施設として利用し、利根川の洪水など災害発生時にはコンテナを牽引して移動し、避難所として活用できるものである。このモバイル建築ホテルは今回の参加者の宿泊所の一つとなっており、宿泊の体験を通して快適性を実感することができた。滋賀県では、ワークショップや市民がスマートフォン等から投稿することで地域の気象データや気候変動影響の情報を収集し、オンライン上で専門家の分析を付してディスカッションできるしくみを構築・運用している。県民が主体的に情報を収集したりモニタリングすることが、県民生活に近い情報を充実させ、気候変動適応を推進につながると期待できる。自ら実施できる適応策として、断熱ワークショップの取組事例も紹介された。学校で内窓取り付けなどの断熱改修を実施することで、学習環境の向上とエネルギーコストの低減が両立できる。地域住民が関わって実施できる取組であり、エネルギーや気候変動の問題を自分事化する好機となっている様子が報告された。

　セッションCは「再生可能エネルギーと地域の豊かさ」をテーマに、全体会として実施した。境町では、公共施設屋根で太陽光発電を行い、町全額出資の株式会社を通じて売電している。売電収益から累計で1億4千万円余りの寄付額を実現した。次の展開としては、電力小売事業を開始して住宅や民

全体会の様子

間施設にも電力を供給することや、役場庁舎のZEB化などの構想があるという。長野県飯田市では、条例に基づき地域神益型再エネ事業を認定し支援している。再エネ発電の収益を景観保全や教育支援などに活用する多くの事例が生まれたが、FIT買取価格の低下に伴う転換が求められている現状が報告された。京都府福知山市では、地元の新電力が核となり公共施設でのオンサイトPPA事業を実施している。事業費の一部を市民等が出資し、返礼品として活用することで地域の産業育成につなげるスキームが紹介された。さらに、地域間をつなぐしくみとして「e.Cycle」が紹介された。発電した電気をまずは地元で消費し、余剰分を大消費地の需要家に販売、その際の手数料の一部を地域活性化資金として発電所の地元に還元することで、都市部のエネルギーコストの一部を地方に還流させるしくみである。各地での実践例から、再生可能エネルギー事業で得た収益を地域に還元するしくみの多彩さを学ぶことができた。

　午後はテーマ別セッションの成果共有として、各コーディネーターからセッションの概要が報告された。
　その後、「パネルディスカッション〜SDGs未来都市のリアル〜」を実施した。SDGs未来都市に選定されている3地域からSDGs推進担当者を招き、統合的取組のポイントとステークホルダーの参画の実情を掘り下げることを目指したものである。北海道上士幌町からは、脱炭素先行地域の取組と密接に関わるSDGs推進の様子として、バイオマスエネルギーの活用やマイクログリッドの構築をはじめとするエネルギーへの多様なアプローチや、若い世代を中心とするワーキンググループによる普及啓発の活動などが報告された。神奈川県相模原

パネルディスカッションの様子

参加者集合写真　提供：境町

市からは、SDGsプラットフォームの会員間連携により、生分解性容器の循環プロジェクトが生まれたことや、スマートフォンアプリを活用して地域貢献活動をポイント化するしくみをはじめとする、個人の行動変容を促す取組の事例が紹介された。会員自治体の東京都足立区では、各種の地域課題の根底に貧困問題があると認識し、貧困や格差の解消を主題として若い世代が挑戦・活躍できる場づくりを進めている。ロールモデルとなる大人を増やすことで子どもの支援者を増やし、子ども自身の生きる力を高めようとする息の長い取組である。3地域からの話題提供の後はディスカッションが行われ、SDGs達成のために乗り越えるべき課題、新たに連携できる可能性のある主体について追加のコメントが出された。

　最後に、共同代表である青木秀樹・岡山県西粟倉村長より境町に対して御礼の挨拶がなされ、2日間の大会は幕を閉じた。

閉会後、東京行きの高速バスに間に合うように参加者を送り出す必要が
あったため、全体を通してかなりタイトなスケジュールとなった。話題提供
を受けた参加者同士のディスカッションや交流の時間を十分に確保できな
かったことは反省点の一つである。しかし、境町のユニークな挑戦の数々と、
それに負けない各地の事例に大いに学び、刺激を受けることができた2日間
であった。全国からの参加者を暖かく受け入れ、自らの取組を惜しむことな
く披露してくださった橋本町長をはじめ、素晴らしい機動力で会の進行をサ
ポートしてくださった職員の皆様、町内のご関係の皆様に深く感謝を申し上
げたい。

SDGs自治体白書2023-2024

2024年1月31日　第1版　発行

編著　小澤はる奈・中口毅博
編集協力　環境自治体会議環境政策研究所
発行　（株）生活社
　　　東京都千代田区平河町 2-12-2 藤森ビル 6B　〒 102-0093
　　　TEL 03-3234-3844 FAX 03-6740-6516
　　　http://www.seikatsusha.com/

デザイン・装丁　橋本治樹

ISBN 978-4-902651-47-8